Heinrich Jaenecke

Die weißen Herren

300 Jahre Krieg
und Gewalt in Südafrika

Wilhelm Goldmann Verlag

Herausgeber der Originalausgabe: Henri Nannen
Redaktion der Originalausgabe: Victor Schuller

Made in Germany · 5/79 · 1. Auflage · 1.–20. Tsd.
Genehmigte Taschenbuchausgabe

Umschlagentwurf: Creativ Shop, A. + A. Bachmann, München
Umschlagfotos: Picture + Feature
und dpa, Frankfurt
Satz: Mohndruck Reinhard Mohn GmbH, Gütersloh
Druck: Presse-Druck Augsburg
Verlagsnummer: 11230
Lektorat: Renate Richter/Ria Schulte
Herstellung: Peter Papenbrok
ISBN 3-442-11230-3

Inhalt

Zum Thema

Südafrika ist zum weltpolitischen Krisenherd geworden. Der Rassenkonflikt vergiftet in zunehmendem Maße die internationalen Beziehungen und bedroht das machtpolitische Gleichgewicht an einem der neuralgischsten Punkte der Erde. Die globale Konfrontation zwischen den weißen Industrienationen und der Dritten Welt verdichtet sich am Kap der Guten Hoffnung zum Explosionsherd.

Dieses Buch versucht, die Ursachen des Konflikts zu beschreiben: Entstehung und Geschichte der 300jährigen Auseinandersetzung zwischen Schwarz und Weiß in Südafrika. Daß der weißen Partei dabei die Rolle des Hauptschuldigen zufällt, liegt nicht an der Betrachtungsweise, sondern an der Historie.

Eines sei allerdings angemerkt: Das Volk der Afrikaaner oder Buren ist gewiß nicht schlechter und nicht besser als jede andere weiße Nation. Es befindet sich nur in einer anderen, keineswegs beneidenswerten Lage. Als einzigem überseeischem Sproß Europas ist es ihm nicht gelungen, aus seinem Siedlungsgebiet ein weißes Land zu machen – so hartnäckig die Afrikaaner auch das Gegenteil behaupten. Sie blieben stets die Minorität in einem schwarzen Land, freilich die herrschende Minorität. Ob andere Weiße in gleicher Lage anders gehandelt hätten, ist nicht entschieden. Sicher ist nur, daß es auch in Südafrika immer Weiße gab – sogar Afrikaaner –, die vor dem Marsch in die Katastrophe warnten.

Im Rahmen dieses Buches mußten viele Aspekte unberücksichtigt bleiben. Die unbestrittenen weißen Leistungen, die wirtschaftliche und industrielle Entwicklung des Landes, sind ein anderes Thema, ebenso die internationalen Verflechtungen und strategischen Dimensionen der Auseinandersetzung. Das Schwergewicht der Darstellung liegt auf der historischen Entwicklung des Konflikts. Sie macht, hoffentlich, die Gegenwart leichter begreifbar.

Südafrika –
die letzte weiße Insel
im schwarzen Kontinent: Mitglieder eines
Clubs in Durban, Natal

**Herrschaft durch Gewalt:
Südafrika gestern, heute – und morgen?**

Wo alles begann: Kapstadt zu Füßen des Tafelbergs – im Hintergrund das Kap der Guten Hoffnung

1 Holland gründet eine Kolonie

Im April 1652 näherte sich eine Flottille von drei holländischen Schiffen der Südspitze Afrikas. Die Eintragungen des Kommandanten Jan van Riebeeck im Logbuch des Flaggschiffs »Dromedaris« sind nüchtern und undramatisch:

5. April 1652: »Gegen fünf Glasen der Nachmittagswache sahen wir, Gott sei gelobt, das Land des Kaps der Guten Hoffnung, nämlich den Tafelberg. Der Obermaat sah es zuerst, und er bekam die ausgesetzte Belohnung von vier spanischen Reales.«

6. April: »Kurz nach Sonnenuntergang gingen wir in der Tafelbucht vor Anker, sandiger Grund in vier Faden Tiefe. Ich befahl Kapitän Davit Coninck, morgen früh mit einer der Schaluppen, und sechs Soldaten außer den Ruderern, an Land zu gehen, um nachzusehen, ob andere Schiffe Briefe hinterlassen haben, und um Grünzeug zu sammeln; denn wir sind nun seit mehr als dreieinhalb Monaten auf See ohne irgendwo angelegt zu haben, und die Gesundheit der Leute ist sehr geschwächt.«

7. April (Sonntag): »Heute abend gingen wir zusammen an Land, um eine Stelle für das Fort auszusuchen. Hatten auch zwei Wilde an Bord, von denen einer etwas Englisch konnte. Wir füllten ihre Bäuche großzügig mit Essen und Trinken.«

8. April: »Berief den Offiziersrat ein, um die Anlage der Befestigung zu besprechen. Nach der Beratung inspizierten wir die Stelle und fanden sie geeignet und groß genug, nahe am Hauptfluß, der in den Graben um das Fort geleitet werden kann.«

9. April: »Kommandant van Riebeeck hat das Fort heute vollständig ausgemessen. Der Abstand zwischen den Bastionen beträgt 21 Ruten (rheinisches Maß).[1] Die Männer waren die ganze Zeit mit dem Ausladen des Materials etc. beschäftigt.«

10. April: »Schönes, warmes Wetter. Heute morgen ging Riebeeck an Land, wo die Männer mit Schaufeln, Spaten, Picken, Hacken und Schubkarren an der Arbeit sind[2].«

Was die Chronik in trockenem

Amtsstil beschreibt, war eines der folgenschwersten Unternehmen im Zeitalter der weißen Eroberungszüge: die Gründung einer europäischen Siedlung im äußersten Süden Afrikas durch eine Handvoll Holländer.
Die Expedition war keine Entdekkungsreise zu unbekannten Ufern, denn das Kap der Guten Hoffnung war den europäischen Seefahrern längst bekannt. Es war auch keine mehr oder weniger ziellose Niederlassung, wie so viele Kolonialgründungen der gleichen Zeit in Nord- und Südamerika. Die Männer, die an jenem 6. April 1652 nach fast viermonatiger, mörderischer Seereise in der Tafelbucht landeten, folgten vielmehr einem präzisen, sorgfältig vorbereiteten Plan: Sie sollten einen Flottenstützpunkt für die Niederländisch-Ostindische Kompanie errichten.
Es war ein engbegrenzter Auftrag, dem im Rahmen der globalen holländischen Unternehmungen kein übermäßiges Gewicht zukam. Dennoch wurde daraus ein Drama, das seine blutige Spur durch drei Jahrhunderte zog und in unserer Zeit seinem Höhepunkt zutreibt.
Das Unternehmen stand von Anfang an unter einem Unstern. Schon die Wahl des Ortes war riskant. Anderthalb Jahrhunderte waren die Portugiesen an dieser Küste entlanggesegelt, ohne sich hier niederzulassen. Denn das Kap der Guten Hoffnung war ein unwirtliches Gestade. Sein Entdecker, Bartolomeu Diaz, hatte es zuerst »Kap der Stürme« genannt, denn unaufhörlich bliesen hier kalte, widrige Winde, die die kleinen Karavellen gegen die Klippen trieben. König João II. von Portugal fand indessen die Nachricht von der Umseglung

Jan van Riebeeck: 1652 landete er in der Tafelbucht

Afrikas so ermutigend, daß er das Vorgebirge in »Cabo de boa sperança« (Kap der Guten Hoffnung) umtaufte.

Die Hoffnung des Königs galt freilich nicht Afrika, sondern dem fernen Indien mit seinen kostbaren Seidenstoffen, seinen Spezereien, Parfümerien, Arznei- und Wundermitteln. Alle diese Luxusgüter wurden von Venedig und Genua über arabische Zwischenhändler nach Europa importiert. Die ungeheuren Profite, die dieser Handel abwarf, waren der Antrieb für die großen Entdeckungsreisen der Portugiesen. Sie suchten den direkten Seeweg nach Indien, um das Monopol der italienischen Stadtrepubliken zu brechen. Als Vasco da Gama schließlich am 20. Mai 1498 im Hafen von Calicut (Kozhikode) an der indischen Westküste Anker warf, erfüllte sich der Traum des portugiesischen Hofes. Für ein volles Jahrhundert verwandelte sich Lissabon in den bedeutendsten Handelsplatz Europas.

Südafrika interessierte in dieser Zeit niemanden. Es war die ödeste Küste der ganzen Route, ein schroffes, abweisendes Land. Hinter dem Strand stiegen kahle, steile Berge auf, es gab keine guten Häfen, nur flache, sandige Flußmündungen und dahinter, soweit man wußte, kein Gold, keine Schätze, keine Spezereien wie in Indien, nichts, was einen verlocken konnte, ins Innere vorzustoßen.

Außerdem galten die Eingeborenen als äußerst gefährlich. Vasco da Gama hatte schon 1497 auf seiner ersten Reise beobachtet, wie die Schwarzen an der afrikanischen Südküste die steinernen »Padrãos« (Hoheitszeichen) umstürzten, kaum daß er sie aufgestellt hatte. 1510 ereignete sich ein furchtbares Blutbad: Der portugiesische Admiral und »Vizekönig der Östlichen Meere«, Francisco d'Almeida, der auf der Heimreise von Indien unweit des Kaps vor Anker ging, wurde samt 150 Soldaten, unter ihnen sein Sohn, von den Eingeborenen erschlagen.

Seitdem mieden die Portugiesen die afrikanische Südküste. Sie legten ihre Stützpunkte lieber in Mozambique und Angola an. Die Tafelbucht diente nur als Ruheplatz und »Postamt« – unter bestimmten Steinen hinterließen die Kapitäne Briefe für die nachfolgenden Schiffe, die sie entweder nach Europa oder Indien weiterbeförderten.

Die Schicksalsstunde des Kaps schlug erst, als Portugal sein Ostasienmonopol im 17. Jahrhundert an die Republik der Vereinigten Niederlande verlor. Damals wurde die kleine Händlernation im nassen Nordwesten Europas für einen kurzen historischen Augenblick zur

Vormacht des weißen Mannes. Innerhalb einer einzigen Generation baute Holland ein Imperium auf, das vom Hudson River bis Java reichte. Diese Weltsekunde riß Südafrika aus dem Dornröschenschlaf.

Die Väter der Kapkolonie waren keine verspäteten Kreuzritter, sondern mürrische kalvinistische Buchhalter. Ihre einzige Ideologie bestand in den langen Zahlenkolonnen ihrer Folianten. Denn die »Vereinigten Provinzen« stellten keinen Staat im herkömmlichen Sinn mit einer »Idee«, einem übergeordneten metaphysischen Daseinszweck dar. Die Republik war ein Zweckverband des neureichen niederländischen Bürgertums zur Mehrung seines Wohlstandes. Das ausschließliche Ziel und die alleinige Richtschnur seiner überseeischen Unternehmungen war der Profit. Und da der höchstmögliche Profit im Monopol erzielt werden konnte, galt es, eine lückenlose Kette vom Produzenten zum Verbraucher herzustellen, notfalls durch Gewalt – dies war die simple Philosophie der holländischen Expansion.

Tatsächlich war das niederländische Kolonialreich in Ostasien rund 200 Jahre lang eine Privatfirma – die »Vereenigde Oostindische Compagnie« (VOC), kurz »Die Kompanie« genannt. Der Staat hatte ihr das Außenhandelsmonopol einschließlich der Souveränitätsrechte in Übersee übertragen. Sie wurde das bis dahin erfolgreichste Instrument imperialistischer Handelspolitik.

Die Kompanie beherrschte das gesamte Indiengeschäft. Sie diktierte den asiatischen Produzenten die Einkaufs- und den europäischen Abnehmern die Verkaufspreise, und sie unterhielt die größte Handels- und Kriegsflotte der Welt. Sie war nicht ein Staat im Staate, sie war der Staat. Ihr 17köpfiges Direktorium, die »Herren XVII«, war die eigentliche Regierung der Niederlande.

Das ganze riesige Imperium wurde wie ein moderner Konzern geleitet. Die Konzernspitze in Amsterdam traf alle Entscheidungen nach einem einzigen Kriterium: Was kostet eine Unternehmung, und was bringt sie ein?

Die Gründung der Kapkolonie war eine Investition zur Senkung der Frachtkosten auf der Ostindienroute. Denn immer wieder gab es ärgerliche Transportverluste, die auf den geschwächten Gesundheitszustand der Mannschaften zurückzuführen waren.

Die Reise von Amsterdam nach Batavia (dem heutigen Djakarta), der Hauptstadt Niederländisch-Indiens, dauerte im Schnitt sechs Monate, und da die Kompanie den

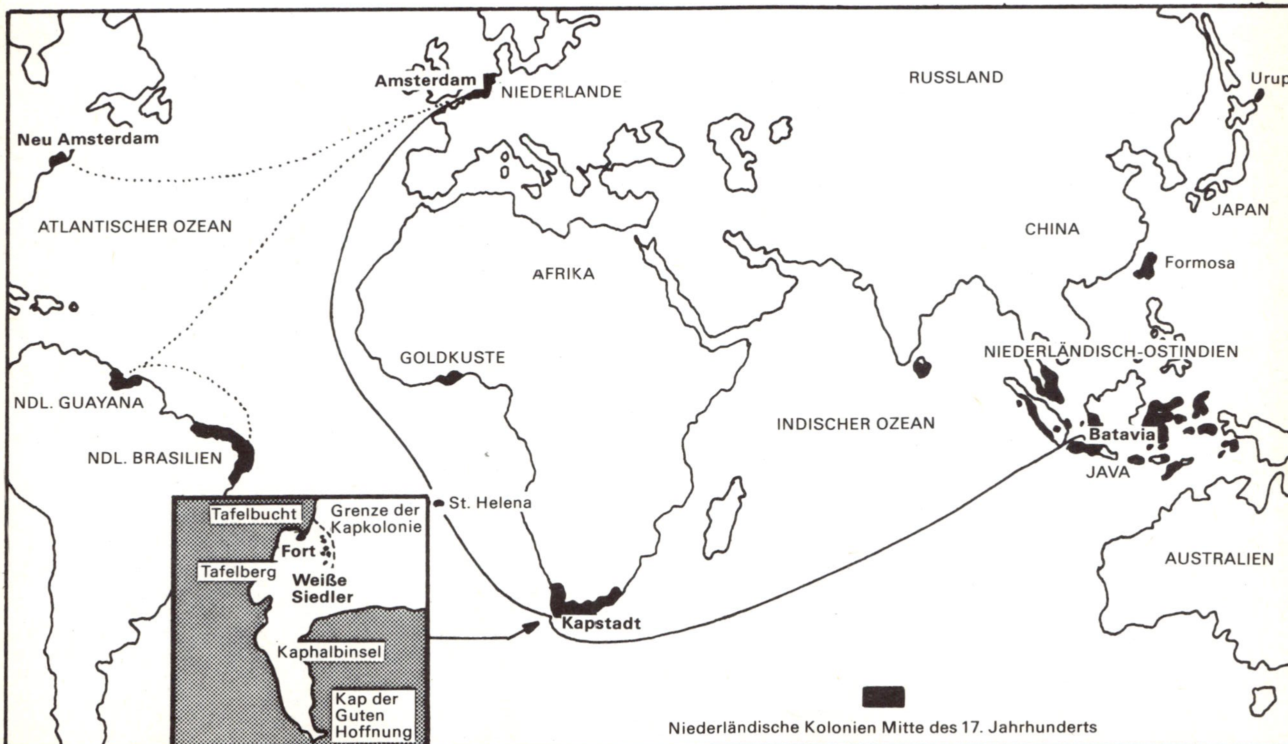

Das holländische Imperium im 17. Jahrhundert: Die Kapstation lag auf halbem Wege zwischen Amsterdam und Batavia

Niederländischer Ostindienfahrer um 1700

Kapitänen für schnelle Fahrten Prämien zahlte, legten sie unterwegs so wenig wie möglich an. Das bedeutete für die 200 bis 300 Besatzungsmitglieder und Passagiere wochenlanges Zusammengepferchtsein auf engstem Raum, mit eintöniger, vitaminloser Verpflegung aus Bohnen und Pökelfleisch. Skorbut, Ruhr und Fieber waren normale Begleiterscheinungen. Es gab kein Schiff, das unterwegs nicht Tote ins Meer warf, und oft ging die halbe Besatzung über Bord.

Daß der Verkehr um die halbe Welt dennoch mit der Präzision eines Uhrwerks ablief, war nur einer erbarmungslosen Disziplin zuzuschreiben. Schon die geringsten Vergehen, zu denen unbotmäßige Bemerkungen gegenüber Offizieren, aber auch homosexuelle Handlungen zählten, wurden mit Kielholen oder Anketten an den Mast bestraft. In den seltenen Fällen offener Meuterei wurden die Täter in Ketten nach Amsterdam gebracht, dort öffentlich zu Tode gefoltert und ihre Leichen am Strand der Insel Texel, die alle Schiffe passieren mußten, an weithin sichtbaren Gestellen zur Schau gestellt, bis die Krähen und Möwen die Skelette freigenagt hatten.

Die Herren XVII sahen indessen ein, daß eine kranke Mannschaft weniger effizient war als eine gesunde und mithin bei Sturm ein erhöhtes Risiko für Ladung und Schiff darstellte. Daher beschloß die Direktion im Jahre 1651, auf halber Strecke zwischen Amsterdam und Batavia, am Kap der Guten Hoffnung, eine »Erfrischungsstation« einzurichten. Hier, wo ein mildes südeuropäisches Klima herrschte, sollten sich die Konvois aus beiden Richtungen mit Frischwasser, Gemüse, Obst und Fleisch versorgen. Kranke konnten zur Genesung an Land gesetzt, Genesene für die Weiterfahrt an Bord genommen werden.

Anstoß für den Beschluß war der Bericht einer Schiffsbesatzung, die in der Tafelbucht gestrandet war und über ein Jahr neben dem Wrack ausgeharrt hatte, um Hab und Gut der Kompanie zu schützen, wie der Kontrakt es befahl. In ihrer Empfehlung erklärte die Berichtskommission, »drei oder vier gelernte Gärtner aus Holland« genügten, um dort unten das Schiffsvolk im Anbau von Kürbissen, Wassermelonen, Mohrrüben, Salat, Radieschen und Obst zu unterweisen. Und was die Eingeborenen betraf, so wiesen die Schiffbrüchigen alle bisherigen Menschenfresser-Berichte als »Ammenmärchen« zurück. Wörtlich schrieben sie:

»Gewiß, sie haben einige Seeleute und Soldaten getötet, aber der Grund wird nicht genannt, um unsere eigenen Leute nicht bloßzustellen. Wir sind jedenfalls überzeugt, daß unsere holländischen Bauern nicht besser wären, wenn man ihnen wie den Eingeborenen ihr Vieh erschlüge oder wegtriebe, ohne dafür zu zahlen. Mit uns trieben die Eingeborenen tagtäglich in der freundschaftlichsten Weise Handel und brachten uns freiwillig ihre Ochsen und Schafe. Daher konnten wir die ›Kronprinzessin‹, die mit 80 bis 100 Schwerkranken an Bord einlief, ausreichend mit Vieh und Geflügel versorgen. Fast alle Kranken erholten sich in kurzer Zeit. Mit einem verständigen Befehlshaber, der diese Hottentotten höflich behandelt, sie redlich bezahlt und ihnen dann und wann eine Handvoll Bohnen oder Erbsen – für sie eine Delikatesse – gibt, braucht man nichts von ihnen zu befürchten[3].«

Der Bericht überzeugte die Direktion, zumal die bisherige Hauptversorgungsstation St. Helena, die sich in britischem Besitz befand, wegen des gespannten Verhältnisses zu England jeden Tag ausfallen konnte. So rüstete die Kompanie eine Expedition von drei Schiffen zur Errichtung einer befestigten Versorgungsstation aus. Zum Kommandanten wurde Jan van Riebeeck ernannt, ein gelernter Feldscher und erfahrener Kolonialbeamter der VOC.

Für Riebeeck, der damals 32 Jahre alt war, stellte diese Mission eine ernste Bewährungsprobe dar, denn er besaß einen kleinen Fleck auf der Weste. In jungen Jahren hatte er der Kompanie im Fernen Osten gedient und dabei als Chef einer Faktorei in Tonking (Nordvietnam) Privatgeschäfte gemacht – ein Delikt, das im Sündenregister der Kompanie ganz obenan stand. Riebeeck mußte damals seinen Abschied nehmen, aber »Indien«, das tropische Paradies, blieb sein Lebensziel. Als er hörte, daß ein Kommandant für eine neue Station am Kap der Guten Hoffnung gesucht werde, bewarb er sich aufs neue bei der Kompanie, in der Hoffnung, über diese Etappe nach Indien zurückkehren zu können. Die Herren XVII nahmen ihn in Gnaden wieder auf. Die Kapstation war der härteste Posten, den sie zu vergeben hatten, und offenbar drängte sich sonst niemand danach.

So begann die Geschichte des weißen Mannes in Südafrika unter der Patenschaft der Niederländisch-Ostindischen Kompanie. Der Geist der Kompanie prägte die Entwicklung der Kapkolonie für die ersten anderthalb Jahrhunderte. Dieser Geist war eine Mischung aus Pfennigfuchserei, Brutalität und Blindheit gegenüber allem, was kommerziell nicht erfaßbar war – überdacht und gerechtfertigt durch den Kalvinismus, jene Spielart des Christentums, die sich durch den unerschütterlichen Glauben an die eigene Gottgefälligkeit auszeichnet. Von dieser Patenschaft hat sich Südafrika bis heute nicht befreien können.

Als Jan van Riebeeck am 7. April 1652 in der Tafelbucht an Land ging, betrat er ein Stück Erde, das sich noch im Zustand der Unschuld befand, obwohl die Weißen hier seit anderthalb Jahrhunderten wie Zugvögel Rast machten. In der Bai tummelten sich Wale und Robben, und im Flachland zu Füßen des Tafelberges ließen sich Nashörner und Elefanten sehen. Doch daß dieses Land »menschenleer« gewesen sei, ist eine Legende, die die weißen Südafrikaner erst sehr viel später erfanden.

Tatsächlich war Südafrika, wie allein schon das traurige Schicksal Francisco d'Almeidas beweist, lange vor der Entdeckung durch die Europäer besiedelt. Die Bewohner des Kaplandes unterschieden sich stark von den dunkelhäutigen, athletischen Afrikanern nördlich des Äquators, die den Europäern seit dem Altertum als Sklaven bekannt waren. Die Eingeborenen Südafrikas waren klein und zierlich, hatten braungelbe Haut und besaßen einen merkwürdigen Fettsteiß. Sie nannten sich »Khoikhoin«, aber die Europäer gaben ihnen wegen der abgehackten Sprechweise den Namen »Hottentotten«.

Die Hottentotten waren nomadische Viehzüchter. Ihre riesigen Rinderherden hatten schon Vasco da Gama in Staunen versetzt: »Die Ochsen in diesem Land«, schrieb er 1497 in sein Reisetagebuch, »sind so groß wie im Alentejo[4], herrlich fett und sehr zahm. Auf die fettesten legen die Schwarzen einen Packsattel aus Schilf und darauf eine Art Sänfte aus Stöcken, auf welcher sie reiten.«
Die Hottentotten lebten in leicht zerlegbaren Rundhütten aus Rohrgestellen, die mit Schilfmatten oder Fellen bedeckt wurden. Sie ernährten sich fast ausschließlich von Milch und Fleisch und brauten eine Art Met aus Honig. Das Kupfer war ihnen bekannt. Sie verarbeiteten es zu Schmuck und Werkzeugen.
Außer den Hottentotten lebte ein Jägervolk im südlichen Afrika, die »Buschmänner«. Sie waren den Khoikhoin verwandt, befanden sich indessen zivilisatorisch noch auf der Steinzeitstufe. Sie jagten ihre Beute mit Giftpfeilen. Buschmänner und Hottentotten waren verfeindet, denn die Hottentotten ruinierten durch die Viehwirtschaft die Jagdgründe der Buschmänner, und die Buschmänner wehrten sich durch Viehdiebstähle. Später, als die Buschmänner fast ausgerottet waren, entdeckte man in ihren Wohnhöhlen Felsmalereien, die eine erstaunliche Ähnlichkeit mit den eiszeitlichen Höhlenbildern Westeuropas aufweisen.
Die Weißen traten den südafrikanischen Völkern mit der gleichen Verachtung gegenüber wie den Indianern Nord- und Südamerikas und den Ureinwohnern Australiens. Es ist kein Zufall, daß »Hottentotte« heute noch zum Schmähvokabular der deutschen Umgangssprache gehört, denn Deutsche stellten das Hauptkontingent des ausländischen Personals der VOC. Aus der vom Dreißigjährigen Krieg verwüsteten Heimat liefen die jungen Burschen in Scharen nach Holland, um sich von der

Hottentotten in der Tafelbucht zur Zeit van Riebeecks

Hottentotten beim Aufbau ihres Lagers

»Kompanie« anwerben zu lassen. Die meisten waren halbzivilisierte Analphabeten, gerade noch tauglich als Menschenmaterial für die mörderische Indienfahrt. Aber mochte einer auch der letzte Dreck an Bord des Kompanieschiffes sein – gegenüber den »Hottentotten« durfte er sich als Herrenmensch fühlen.

Das machten ihm die Oberen vor. So schrieb ein deutscher Gottesmann, der Prediger Johann Christian Hoffmann, nach einem Besuch im Jahre 1672 am Kap: »Alles kam mir hier seltsam vor, am seltsamsten aber die wilde Art dieser Völker, die ich anfänglich mehr für ungeheure Affen als für rechtschaffene Menschen ansah. Und gewißlich: wegen ihrer Unmenschlichkeit haben sie fast nichts an sich, das einem Menschen ähnlich ist, und daher sein sie in Wahrheit die allerelendesten Menschen, die ich jemals gesehen[5].«

Jan van Riebeeck nannte die Landesbewohner, wenn er in Wut war, »stinkende swarte Honde«. Aber er wußte sehr wohl, daß Erfolg oder Mißerfolg seiner Mission einzig und allein von dem Wohlwollen dieser »Hunde« abhing. Denn einem konzentrierten Angriff der Afrikaner hätte er ebensowenig standhalten können wie seinerzeit Francisco d'Almeida.

Die Richtlinien der Kompanie schrieben ihm denn auch ausdrücklich vor, jeden Konflikt zu vermeiden. Deshalb erließ der Kommandant einen Tag nach der Landung eine Proklamation an alle, in der es hieß:

»Wer einen Eingeborenen schlägt oder stößt, erhält – ob er im Recht oder Unrecht ist – fünfzig Hiebe, und zwar in Gegenwart des Mißhandelten, woraus die Eingeborenen erkennen mögen, daß solches gegen unseren Willen geschah und daß wir mit ihnen gemäß den Anordnungen unserer hohen Vorgesetzten in aller Freundschaft und Güte verbunden zu sein wünschen[6].«

Riebeecks Mannschaft zählte knapp 200 Mann: Seeleute, Soldaten und Handwerker, dazu einige Frauen. Auch der Kommandant hatte Weib und Kind mitgenommen. Die Versorgung stieß jedoch auf unerwartete Schwierigkeiten, denn die Kap-Bewohner betrachteten die weiße Invasion mit äußerstem Mißtrauen und gaben nur selten ein Schaf gegen ein Stück Kupferdraht ab.

Ein Jahr mußten Riebeecks Leute von den inzwischen fast ungenießbaren Schiffsvorräten leben. Hunger und Krankheit zerrütteten die Moral, es gab die ersten (sinnlosen) Fluchtversuche und schließlich beinahe eine Meuterei. Riebeeck spielte mit dem Gedanken, den

Zeitgenössische Darstellung der Elefantenjagd durch die südafrikanischen Eingeborenen: Die Tiere werden in Fallgruben getrieben und dann getötet. Das Elfenbein war ein begehrter Handelsartikel

Hottentotten, die ihr Vieh vor den Augen der hungernden Weißen weideten, die Herden im Handstreich wegzunehmen. Im Dezember 1652 notierte er in das Stationsjournal: »Mit 150 Mann könnten wir zehn- bis zwölftausend Rinder sicherstellen. Außerdem könnten wir viele Wilde fangen, denn sie kommen immer unbewaffnet zu uns, und sie als Sklaven nach Indien schicken. Aber dies erfordert gründliche Überlegung und ein weiseres Urteil als das unsere[7].«

Im Gedenken an den langen Arm der Herren XVII widerstand Riebeeck der Versuchung. Langsam gewannen die Hottentotten Vertrauen, und allmählich entwickelte sich ein regelmäßiger Viehmarkt: ein Schaf gegen ein halbes Pfund Kupferdraht plus ein achtel Pfund Tabak, ein Kalb gegen eineinviertel Pfund Kupfer und eine Kuh gegen dreiviertel Pfund Kupfer.

Die Weißen konnten bald mit der

eigenen Viehzucht beginnen, und nach zwei Jahren erfüllte die Station bereits ihren Daseinszweck. Als im Oktober 1654 ein Konvoi aus der Heimat mit Hunderten von Skorbutkranken und Sterbenden eintraf (die Schiffe waren fünf Monate unterwegs ohne anzulegen), retteten Riebeecks Leute vielen das Leben. Die Siechen erhielten zweimal täglich »große Mengen von Kräutern, sowie viel Lattich und Salat, was jetzt alles gerade frisch sprießt« (Riebeeck[8]).

Mit der Konsolidierung der Station tauchte jedoch ein neues Problem auf: Personalmangel. Der zusammengewürfelte, wüste Haufen von Soldaten und Seeleuten erwies sich als untauglich für die wachsende Landwirtschaft.

Drei Jahre nach Gründung der Station schlug Riebeeck deshalb vor, Bauern aus Holland am Kap anzusiedeln: »Tausend Familien« könnten an der Tafelbucht leben. Sie sollten sich auf zehn Jahre verpflichten, aber »aus Liebe zu den Kindern werden die Eltern auch länger bleiben, ihre Ländereien stetig verbessern und schließlich nicht mehr an eine Heimkehr denken. Allmählich von Holland entwöhnt, werden sie dieses Kap als ihre Heimat betrachten[9].«

Der Vorschlag war so schwerwiegend, daß die Direktion zwei Jahre lang darüber beriet. Die Erfahrungen, die die Westindische Kompanie, die kleinere Schwesterfirma der VOC, in Amerika mit freien Kolonisten machte, waren nicht ermutigend: In Neu-Amsterdam, dem späteren New York, hatte Gouverneur Peter Stuyvesant dauernd Ärger mit unbotmäßigen Siedlern.

Doch schließlich genehmigten die Herren XVII ihrem südafrikanischen Stationsvorsteher einen Kleinversuch. Er sollte aus seinem Personal ein paar geeignete Leute aussuchen und ihnen Freistellen anbieten, allerdings unter rigorosen Konditionen zum Schutz des Kompanie-Monopols: Die Freibürger durften die Agrarprodukte nur der Kompanie verkaufen (zu Preisen, die die Kompanie festsetzte), beim Viehhandel mit den Eingeborenen nicht mehr zahlen als die Kompanie und keinen Tabak anbauen.

Sie mußten sich für 20 Jahre verpflichten, schuldeten der Kompanie Hand- und Spanndienste und waren wehrpflichtig. Schließlich enthielt der »Bürgerbrief« eine einseitige Kündigungsklausel: »Falls sich herausstellt, daß er (der Bürger) wegen ausschweifenden Lebens nicht fleißig genug ist und sein Land unbebaut läßt, soll er dessen verlustig gehen und der Kompanie alle eingegangenen Schulden durch Arbeit vergüten[10].«

Von »vry Burgers« (freien Bürgern) konnte mithin nicht die Rede

sein. Immerhin erschien vielen die Viertel-Freiheit besser als das ganze Knechtsdasein auf den Stationsfeldern, und am 21. Februar 1657 verlieh Riebeeck den ersten neun Siedlern das Bürgerrecht. Unter ihnen waren fünf Deutsche – drei aus Köln, einer aus Osnabrück und einer aus Emmerich. Riebeeck wies den Kolonisten das beste Land der Kaphalbinsel am Ufer des Liesbeek-Flusses zu. Jedes Grundstück war 200 mal 160 »Ruten« groß (etwa 45 Hektar).

Es war ein folgenschwerer, unwiderruflicher Schritt. Er verwandelte

Buschmann-Familie zur Zeit van Riebeecks

den Flottenstützpunkt der Kompanie in eine kleine autonome Siedlung, deren Eigeninteressen sehr rasch das Übergewicht bekommen sollten. Doch der Generalgouverneur von Niederländisch-Indien, Rycklof van Goens, der die Kapkolonie wenige Wochen nach der Übergabe der ersten Bürgerbriefe inspizierte, ermunterte Riebeeck, diese Politik fortzusetzen, denn sie schien der Kompanie Geld zu sparen: »Führen Sie möglichst viele Bürger der Landwirtschaft zu, bis die Lohnliste (der Kompanie) nur noch 70 Mann, 50 Soldaten eingerechnet, umfaßt. Hiermit erweisen Sie der Kompanie einen guten Dienst, denn Ihre überzähligen Leute werden die indischen Garnisonen verstärken.«
Weiter heißt es in den Richtlinien des Generalgouverneurs an Jan van Riebeeck: »Stellen Sie außer Holländern nur Deutsche an, damit wir vor der Tücke verräterischer Ausländer sicher sind . . . Zum Schluß empfehle ich Ihnen nochmals, vor allem die Landwirtschaft zu pflegen, denn wir können hier nicht Edelleute werden, bevor wir gute Bauern gewesen sind[11].«
Dies waren prophetische Worte. Generalgouverneur van Goens schien die unheilvolle Entwicklung der Kolonie vorauszusehen. Sie setzte schon ein Jahr später ein, als der Zufall dem kleinen Grüppchen weißer Siedler am Kap einen Schatz an Land spülte – ein Schiff voller Sklaven.
Schon zwei Jahre nach seiner Ankunft am Kap hatte Riebeeck in sein

»Daghregister«, das Stationsjournal, den Seufzer notiert: »Es wäre viel billiger, die Landarbeit, den Robbenfang und all die andere notwendige Arbeit von Sklaven (statt von Kompanieangestellten) machen zu lassen, für eine ordentliche Portion Reis und Fisch oder Robben- und Pinguinfleisch, ohne Bezahlung. Sie könnten billig von Madagaskar eingeführt werden, zusammen mit dem Reis. Wenn dies geschähe, dann würden die Niederländer nur noch für den Garnisonsdienst benötigt werden[12].«

In den folgenden Jahren erwarb Riebeeck ein knappes Dutzend Sklaven von einlaufenden Schiffen für den Eigenbedarf, doch die Kompanie hatte seine Bitten um reguläre Übersendung von Sklaven stets ignoriert. Jetzt erhielt er ungefragt, was er wollte: Am 28. März 1658 lief der holländische Segler »Amersfort« in die Tafelbucht ein. Er hatte vor der Guineaküste ein portugiesisches Sklavenschiff gekapert und die Hälfte der Ladung übernommen. Viele Schwarze waren unterwegs gestorben, aber 170 wurden lebend ausgeschifft, »die Mehrheit junge Burschen und Mädchen[13]«.

Auch von diesen starben noch viele in den nächsten Tagen, doch der erste Schritt zur Einführung der Sklaverei in der Kapkolonie war getan. Riebeeck stellte Sklaven nicht nur für die Kompanie ein, er erlaubte auch den Bauern, sich aus dem Vorrat zu bedienen. »Die Freibürger und andere«, so notierte er am 9. Mai 1658, »kaufen männliche und weibliche Guinea-Sklaven für 100 Gulden pro Kopf auf Kredit. Zuvor hatten sie schon einige Angola-Sklaven je nach Alter und Größe für 50, 62½ und 75 Gulden gekauft, zur Arbeit in der Landwirtschaft, zum Holzsägen, Fischen etc.[14]«

Das neue System fand solchen Anklang, daß Riebeeck selbst zwei Schiffe zur Sklavenküste in Äquatorialafrika schickte, um Nachschub zu holen. Sie kamen mit 228 Sklaven zurück, von denen Riebeeck 150 an den Generalgouverneur nach Indien weiterschickte, offenbar in der Absicht, die vorgesetzte Behörde mit diesem Präsent milde zu stimmen. Doch er täuschte sich. Aus Batavia kam statt des Danks ein harter Rüffel:

»Die (Kap-)Kolonie sollte nach unserer Meinung nur durch Europäer und nicht durch Sklaven weiterbestehen, denn es liegt in der Natur unserer Nation, daß sie, wenn sie sich der Sklaven bedienen kann, faul wird und nicht mehr bereit ist, die Hände für die Arbeit zu rühren[15].«

In der Tat war die Sklaverei, abgesehen von moralischen Erwägungen, in der Kapkolonie ein ökonomischer Unfug. Mochte sich die Sklavenhaltung in den Monokulturen der Tropen bewähren, so gab es im gemäßigten europäischen Klima Südafrikas nichts, was die Europäer nicht ebenso gut oder besser als importierte Äquatorialafrikaner tun konnten. Doch der verhängnisvolle Schritt war nicht mehr rückgängig zu machen. In den 150 Jahren der holländischen Kolonialherrschaft wurde die Sklaverei zur Basis der weißen Gesellschaftsordnung.

Nach der Zuteilung von Privatland gab es nun zwei Gruppen von Weißen in der Kapkolonie: die Angesellten der Kompanie und die »Boere« (gesprochen: Bure = Bauern). Diese Freibauern, eben noch selbst Lohnknechte der Kompanie, entwickelten in erstaunlich kurzer Zeit ein ausgeprägtes Selbstbewußtsein. Schon nach der zweiten Ernte bekam Kommandant Riebeck den ersten Ärger mit ihnen. Eine Delegation von 14 Männern, von denen genau die Hälfte mit einem Kreuz unterzeichnet hatte, überreichte dem Kommandanten eine geharnischte Resolution, in der die Annullierung aller Monopolklauseln, vor allem aber bessere Preise gefordert wurden. Das Papier gipfelte in einer Drohung: »Solange wir den (neuen) Preis nicht kennen, werden wir das Land nicht bestellen, denn wir wollen nicht die Sklaven der Kompanie sein[16].«

Das war starker Tobak, nach den Regeln der Kompanie sogar Meuterei. Aber Riebeeck konnte mit den »Bürgern« nicht mehr so umspringen wie mit den Kompaniearbeitern. Er versprach den Siedlern, sich bei der Direktion für bessere Preise einzusetzen, und drohte ihnen gleichzeitig mit der Einziehung aller Ländereien, falls sie nicht unverzüglich an die Arbeit zurückkehrten.

Die Buren trollten sich fürs erste, aber dafür hatte Riebeeck ein paar Monate später den ersten Krieg mit den Eingeborenen am Hals. Denn die »Kapmänner«, wie Riebeeck den benachbarten Hottentotten-Stamm nannte, betrachteten die Landnahme der weißen Bauern und die Ausweitung der Station als Bruch des Status quo. Sie rächten sich durch planmäßige Viehdiebstähle.

Am 19. Mai 1659 faßten Kommandantur und Bürgerrat einen förmlichen Kriegsentschluß: »Da wir kein anderes Mittel sehen, den Frieden mit diesem Kapvolk zu sichern, werden wir es bei der ersten sich bietenden Gelegenheit mit starken Kräften angreifen, und wenn möglich überrumpeln. Wir werden soviel Vieh und Männer gefangennehmen wie wir können, aber wir werden nach Möglichkeit mörderisches Blutvergießen vermeiden. Die Gefangenen werden wir als Geiseln behalten, so daß wir diejenigen, die uns entkommen, unterwerfen können. Möge Gott uns mit seinem Segen und seiner Hilfe beistehen. Amen[17].«

Als erste Sicherheitsmaßnahme führte Riebeeck den Brauch der Deportation in Südafrika ein: Sein Dolmetscher »Harry«, ein Hottentotte, der über ausgezeichnete Beziehungen zu den »Kapmännern« verfügte, wurde auf die Robben-Insel in der Tafelbucht verbannt, dem ersten und bis heute berüchtigtsten Straflager Südafrikas.

Der Krieg gegen die »Kapmänner« verlief freilich anders, als die Holländer es sich vorgestellt hatten. Als die Hottentotten die Vorbereitungen der Weißen bemerkten, »flohen sie mit Weibern, Kindern und allem, was sie besaßen«[18]. Statt des geplanten Überraschungsangriffs mußte Riebeeck einen zweijährigen Guerillakrieg führen – den ersten einer endlosen, sich durch die Jahrhunderte hinziehenden Kette von Kämpfen zwischen Weiß und Schwarz in Südafrika.

Riebeeck begründete das »Kommando«-System, die Militärorganisation der Buren. Die Kommandos waren kleine bewegliche Trupps, die in eigener Verantwortung Jagd auf die Hottentotten machten und oft wochenlange Streifzüge unternahmen.

Allerdings blieb Riebeeck ohne entscheidenden Sieg. Mit Respekt bemerkte er, daß die Hottentotten, wenn sie eingekesselt waren, »eher im Kampf sterben als sich lebendig gefangennehmen lassen«[19].

Schließlich wurde in Riebeecks Fort Frieden geschlossen. Bei dieser Gelegenheit brachte die Delegation der Hottentotten noch einmal die Kriegsursache zur Sprache, und Riebeeck hielt sie getreulich im Stationsjournal fest:

»Sie sagten bitter, daß wir uns mehr und mehr von ihrem Land, das ihnen all diese Jahrhunderte gehört habe, angeeignet hätten, und sie fragten, ob sie wohl das gleiche in Holland tun könnten, wenn sie dorthin kämen. Auf unser Argument, daß es hier nicht genug Weiden für sie und uns gäbe, antworteten sie: ›Wer sollte dann gerechterweise nachgeben – der rechtmäßige Eigentümer oder der fremde Eindringling?‹«

Riebeeck gab den »Kapmännern« die klassische Antwort des Eroberers: »Wir sagten ihnen, daß sie das Land als Ergebnis des Krieges verloren hätten und daß ihnen nichts anderes übrigbliebe, als sich damit abzufinden. So wurde Frieden geschlossen. Häuptling Gogosoa,

Holländisches Außenfort am Kap der Guten Hoffnung

Harry und die anderen Vornehmen, zusammen 40 Mann, erhielten Geschenke in Form von Kupfer, Glasperlen und Tabak und wurden mit Essen und Trinken wohl bewirtet, daß sie ganz betrunken waren. Wenn wir gewollt hätten, hätten wir sie gefangennehmen können, aber aus vielen Gründen wurde dies für nicht ratsam erachtet, denn wir konnten dies immer noch tun und in der Zwischenzeit versuchen, ihre wirklichen Absichten zu ergründen[20].«

Zwar herrschte nun wieder Frieden, oder vielmehr Nicht-Krieg, doch die Direktion in Amsterdam war über den Verlauf der Dinge am Kap der Guten Hoffnung keineswegs glücklich. Die Skeptiker hatten recht behalten – freie Bürger brachten nichts als Schwierigkeiten ein. Deshalb wurde jede weitere Ansiedlung untersagt. »Diese Idee müssen Sie aufgeben«, schrieben die Herren XVII dem Kommandanten am Kap. »Kommen Sie mit den Leuten und Freien Bürgern aus, über die

Sie augenblicklich verfügen. Wir beabsichtigen keinerlei Vergrößerung[21].«

Überhaupt fanden die Herren XVII, es sei Zeit, einen neuen Mann ans Kap zu schicken. Sie versetzten Riebeeck nach Batavia und erfüllten ihm damit seinen sehnlichsten Wunsch. Im April 1662, genau zehn Jahre nach seiner Ankunft, übergab er die Station seinem Nachfolger Zacharias Wagenaar, einem gebürtigen Dresdner, der eigentlich Wagner hieß. Er war ein unbedeutender Mensch und gab nur ein Gastspiel am Kap.

Stolz führte Riebeeck den Neuling durch die Kolonie am Fuße des Tafelberges. Was er aufgebaut hatte, konnte sich sehen lassen: Hafenmole, Fort, Wohnhäuser, Lagerschuppen, zwei richtige Straßen, Kornfelder, Gemüsegärten, die ersten Weinstöcke und Apfelbäume – das Ganze umgrenzt von einer zwölf Kilometer langen Mandelbaumhecke.

Noch immer lebten hier nicht mehr als 300 Weiße, darunter die ersten in »Kaapstad« geborenen Kinder. Es war ein kleiner holländischer Brückenkopf am Ende der Welt, knapp zehn Kilometer im Durchmesser, aber er enthielt bereits die Keime zukünftiger Konflikte. »Alle wirtschaftlichen und sozialen Probleme, die Südafrika heute beschäftigen«, schreibt der britische Historiker Eric A. Walker, »haben unter den Augen Riebeecks Gestalt angenommen. Denn in Südafrika gibt es nichts, von dem man sagen könnte: ›Siehe, dies ist neu[22].‹«

Ehe Riebeeck das Schiff nach Indien bestieg, übergab er seinem Nachfolger eine lange Liste mit Ratschlägen. Nr. 1 lautete: »Wir müssen stets danach streben, mit den Eingeborenen friedfertig zu leben und Handel zu treiben, und gleichzeitig tiefer ins Inland vordringen.«

Diese Aufgabe war nicht erfüllbar, denn sie enthielt zwei unvereinbare Forderungen. Friede mit den Eingeborenen und Landnahme – das schloß sich gegenseitig aus. Niemand hätte dies besser wissen müssen als der Gründer der Kapkolonie.

2 Weiße Herren – schwarze Knechte

Als die ersten holländischen Kolonisten im Kapland ihre Ochsen vor den Pflug spannten, gab es für Südafrika zwei denkbare Entwicklungslinien: Die weiße Siedlung konnte ein zweites Nordamerika oder ein zweites Brasilien werden. Südafrikas Unglück besteht darin, daß es keines von beiden wurde. Es blieb zuerst auf halbem Wege zur weißen Großsiedlung stecken, und es weigerte sich später, eine multirassische Nation zu werden. Die Weichen in die Sackgasse wurden bald nach Gründung der Kolonie gestellt, und zwar von den weißen Siedlern selbst.

Die »Kompanie« hatte ihre Politik nach der Ablösung van Riebeecks revidiert und die Tore für eine begrenzte Einwanderung geöffnet. Denn Holland lag damals im Krieg gegen Ludwig XIV. und befürchtete einen französischen Angriff auf das Kap. Deshalb sollte die Kolonie durch eine erhöhte Zahl weißer Siedler (die nicht soviel kosteten wie Soldaten) gestärkt werden.

Gouverneur Simon van der Stel, der 21 Jahre lang am Kap herrschte (1678–1699), warb Hunderte von Holländern und Deutschen an und förderte die territoriale Ausweitung der Kolonie nach Kräften. Er gründete die erste Siedlung jenseits der Riebeeckschen Mandelbaumhecke und ließ sie zu seinem Nachruhm Stellbosch taufen – die spätere Universität von Stellenbosch wurde das intellektuelle Zentrum des burischen Nationalismus.

Außerdem schickte die Kompanie dem rührigen Gouverneur auch einen Transport Ausländer – 150 Hugenotten, die in Holland Zuflucht vor den Verfolgungen in Frankreich gesucht hatten. Diese französischen Kalvinisten, die lieber Haus und Hof aufgaben, als ihrem Glauben abzuschwören, bildeten trotz ihrer geringen Zahl ein wesentliches Ferment bei der Entstehung der burischen Nation. Ähnlich wie in Preußen identifizierten sich die Hugenotten schon in der ersten Generation bedingungslos mit dem Gastland und stießen in der zweiten Generation in die politische und militärische Führungsspitze vor.

Simon van der Stel verteilte die

Weißer Sklavenhändler beim Einkauf an der westafrikanischen Küste

Franzosen sorgfältig unter die Holländer und Deutschen und verbot den Gebrauch der französischen Sprache bei den Gottesdiensten. Doch er konnte nicht verhindern, daß die neuen Kolonisten ein penetrantes Selbstbewußtsein entwikkelten. Schon 1706 kam es in der Neugründung Stellenbosch zur ersten Rebellion gegen die Kompanie.

Der Anlaß war ein schwerer Korruptionsskandal. Simon van der Stel hatte wie ein dynastischer Herrscher seinen Sohn Willem auf den Thron des Gouverneurs gesetzt, und dieser Junior erregte bald den Zorn der Kolonisten. Denn obwohl den Beamten der Kompanie Privatgeschäfte jeder Art verboten waren, unterhielt Willem van der Stel riesige Ländereien und Viehfarmen, war immer der erste beim Lebensmittelhandel mit den einlaufenden Indienfahrern und machte dadurch die besten Geschäfte. Schließlich brachten 63 Bürger, die Hälfte von ihnen Franzosen, der Kompanie die Mißstände in einem vertraulichen Schreiben zur Kenntnis.

Als der Gouverneur von der »Verschwörung« erfuhr, ließ er den Wortführer, einen angesehenen Bürger namens Adam Tas, in der Zitadelle von Kapstadt festsetzen. Darauf kam es in Stellenbosch, woher Adam stammte, zum offenen Aufruhr.

Willem van der Stel schlug die Rebellion nieder, aber es war seine letzte Amtshandlung. Die »Herren XVII« in Amsterdam feuerten den korrupten Gouverneur und setzten eine radikale Säuberung in Gang. Gleichzeitig aber fällten sie eine Entscheidung von ungeheurer Tragweite: Sie untersagten jede weitere Einwanderung in die Kolonie. Sie wollten keine korrupten Beamten, aber sie wollten auch keine rebellischen Kolonisten. Sie wollten Ruhe am Kap.

Mit dieser Entscheidung verurteilte Holland die Kapkolonie zur Stagnation. Bis zum Beginn des 19.

Baron van Imhoff, Generalgouverneur von Niederländisch-Indien, warnte vergeblich vor der Sklaverei

Sklavenjäger überfallen ein Dorf

Sklavenversteigerung in Kapstadt

Jahrhunderts blieb Südafrika für weiße Einwanderer gesperrt. Damit war der Weg zu einer »amerikanischen« Entwicklung abgeschnitten. Während die Bevölkerung in den USA bis zum Jahre 1800 auf fünf Millionen stieg, gab es in der Kapkolonie, die etwa um die gleiche Zeit gegründet worden war wie die nordamerikanischen Niederlassungen, um 1800 erst knapp 20000 Weiße – fast alles Nachfahren der ersten Siedler.

Nur einmal noch hatten die südafrikanischen Kolonisten die Chance, den Lauf der Dinge zu ändern – und diese Chance schlugen sie aus. Die Kompanie war neun Jahre nach dem Einwanderungsstopp bereit, diese Entscheidung zu überprüfen. Die Herren XVII wollten die Kolonie endlich aus den roten Zahlen herausbringen, denn in den Bilanzen war das ganze Unternehmen seit seiner Gründung ein Zuschußbetrieb, ein Faß ohne Boden.

Um Unterlagen für ein Sanierungsprogramm zu gewinnen, schickte die Direktion 1716 dem neuen Gouverneur Chavonnes (einem Hugenotten) und seinem Bürgerrat einen langen Fragebogen. Kernpunkte: Kann die Kolonie (in der damals knapp 2000 Weiße wohnten) ihre landwirtschaftliche Produktion ausweiten, und sind zu diesem Zweck weiße Siedler oder schwarze Sklaven vorteilhafter?

Von der Antwort hing die Zukunft des Landes ab. Dies war zweifellos auch den Männern bewußt, die sich im Amtszimmer des Gouverneurs versammelten, um das Gutachten für Amsterdam zu verabschieden. Sie drückten sich keineswegs um eine klare Antwort. Ihre Antwort hieß »nein« für die weißen Siedler und »ja« für die Sklaven.

In einer penibeln Aufstellung rechneten sie der Kompanie vor, daß ein Sklave höchstens 60 Gulden Unterhalt im Jahr koste, ein weißer Angestellter dagegen mindestens dreimal soviel. Außerdem, so schrieben die Ratsherrn, neigten die Weißen zu Faulheit und Trunkenheit, »und wir haben schon jetzt genug Ärger mit Trunkenbolden«[1].

Es war ein geschickter Appell an die Buchhaltermentalität der Kompanie, wenngleich die ökonomische Argumentation die wahren Motive der Gutachter kaum kaschieren konnte: Eine massive weiße Einwanderung hätte das Ende ihres Herrendaseins bedeutet.

Nur einer im Rat von Kapstadt hatte den Mut, seine abweichende Meinung schriftlich darzulegen. Es war der Militärbefehlshaber, Hauptmann Dominique Chavonnes, ein Bruder des Gouverneurs. Er schrieb: »Wenn der Sklavenimport verboten würde und die Bürger allmählich Europäer oder hier geborene Holländer in Dienst nähmen, dann wäre dies von Vorteil für die Kompanie, das Land und die Bewohner[2].«

Auch der Hauptmann führte ökonomische Gründe ins Feld: Zwei Europäer würden soviel arbeiten wie drei Sklaven, sie brauchten nicht beaufsichtigt zu werden, könnten Militärdienst leisten, wodurch die Kompanie Söldner einsparen würde, und schließlich würde eine weiße Masseneinwanderung zu kleineren und damit ertragreicheren Höfen führen, denn

»im allgemeinen haben die Einwohner viel mehr Land, als sie bewirtschaften können«[3].

Doch das Votum des Hauptmanns glich einem Ruf in der Wüste. Die Direktion in Amsterdam akzeptierte die Empfehlung der Mehrheit: Es blieb beim Einwanderungsstopp und bei der Sklaverei.

Damit waren die Würfel über den Weg Südafrikas gefallen. Für ein ganzes Jahrhundert blieb das Kapland nun abgeschnitten vom Zustrom neuer Menschen und neuer Ideen. Während in Europa und Amerika revolutionäre Veränderungen stattfanden, versank die weiße Siedlung in Südafrika im wirtschaftlichen, sozialen und geistigen Morast einer Sklavenhaltergesellschaft.

Die Weißen selbst waren es, die dafür sorgten, daß die später geborene Idee vom »weißen Südafrika« nie Wirklichkeit wurde. »Selten, wenn überhaupt jemals«, schreibt der südafrikanische Historiker G. D. Scholtz, »wurde eine bewußte Anstrengung unternommen, um eine starke und in jeder Beziehung unabhängige weiße Gesellschaft am südlichen Ende Afrikas aufzubauen. Zu keiner Zeit in den vergangenen dreihundert Jahren gab es genug Weiße, um alle anfallenden Arbeiten zu tun. Die Weißen wurden im Gegenteil in wachsendem Maße abhängig von der Arbeit der Nicht-Weißen[4].«

Bis Anfang des 19. Jahrhunderts waren Sklavenhandel und Sklavenhaltung legale Praxis in Südafrika. Der Großteil der Sklaven wurde aus Madagaskar importiert. Andere Transporte kamen aus Ostafrika und aus Niederländisch-Indien, dem heutigen Indonesien. Viele dieser Malayen waren Strafgefangene, die in ihrer Heimat von der Kolonialverwaltung verurteilt und dann von einem Ende des holländi-

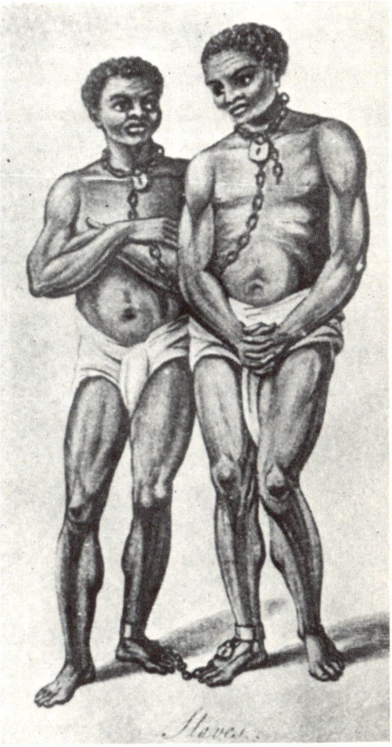

Importiertes Sklavenpaar aus Madagaskar

schen Imperiums zum anderen verfrachtet wurden.

Die Sklavenhaltung in Südafrika war nicht grausamer als in anderen europäischen Kolonien, in Nord- und Südamerika oder auf den Westindischen Inseln. Die Strafen entsprachen der barbarischen Rechtspraxis des absolutistischen Zeitalters: auspeitschen, Ohren abschneiden, brandmarken, in Ketten legen für kleinere Verbrechen wie Diebstähle – rädern, aufhängen bis zum Tod und ähnliches für tätliche Angriffe gegen den Herrn. Daneben war die Folter die gebräuchlichste Vernehmungsmethode.

Andererseits durften die Eigentümer ihre Sklaven nicht eigenmächtig bestrafen (von »normalen« Züchtigungen wie Stockschlägen abgesehen), sondern nur nach Autorisierung durch den zuständigen Richter. Später mußten die Eigentümer für jeden Sklaven ein »Strafbuch« führen, in das die Strafen eingetragen wurden. Sklaven, die zum Christentum bekehrt und getauft wurden (was selten vorkam), mußten freigelassen werden, ebenso die getauften Kinder von Sklaven sowie die »Bastards«.

Dies war der Grund, warum schon 1681 der außereheliche Verkehr zwischen Weißen und Sklaven und kurz darauf auch Ehen zwischen Weißen und freigelassenen Sklavenfrauen verboten wurden (Ehen zwischen Weißen und den nominell freien Hottentotten waren vorerst noch erlaubt).

Die Kapkolonie unterschied sich indessen von anderen weißen Kolonien nicht so sehr durch die Sklaverei an sich, sondern vielmehr durch deren ungeheuren Umfang. Sehr bald gab es am Kap mehr Sklaven als freie Bürger. Als der Generalgouverneur von Niederländisch-Indien, Baron van Imhoff, 1743 die ihm unterstehende Kapkolonie besuchte, war er entsetzt:

»Es ist eine Last, die diese Kolonie nicht tragen kann, und sie schädigt die Landwirtschaft in gefährlicher Weise. Ich glaube, es wäre sehr viel besser gewesen, wenn wir, als diese Kolonie gegründet wurde, so viele Europäer hergebracht hätten, daß Hunger und Verlangen sie zur Arbeit gezwungen hätten. Aber indem man Sklaven einführt, fühlt sich jeder gemeine Europäer als Herr und will lieber bedient werden als dienen. Außerdem sind die Mehrheit der Bauern in diesem Land gar keine Bauern im wahren Sinne des Wortes, sondern Plantagenbesitzer, und viele von ihnen betrachten es als Schande, mit ihren eigenen Händen zu arbeiten[5].«

Mit fast den gleichen Worten hatten die »Herren XVII« ein Jahrhundert zuvor Jan van Riebeeck vor der Einführung der Sklaverei gewarnt, und den gleichen Seufzer stieß zu

Beginn des 19. Jahrhunderts abermals ein Gouverneur aus, der Generalleutnant Jan Willem Janssens. Er empfahl der Regierung, »mit allen Mitteln zu versuchen, dem Vorurteil der Weißen gegen die Handarbeit entgegenzuwirken und sie dazu zu bringen, dieselbe als Tugend zu betrachten[6]«.

Doch niemand war mehr imstande, den Lauf der Dinge zu ändern. Mitte des 18. Jahrhunderts zählte die Kolonie 5123 freie Bürger und 5787 Sklaven, einige Jahrzehnte später waren es 14000 Bürger und 17000 Sklaven.

Das Sklavensystem führte zu einer explosionsartigen territorialen Ausweitung der Kolonie. Die Latifundien wuchsen ins Gigantische (300 Hektar pro Mann wurden von der Kompanie als »Lehen« zugeteilt), so daß sich die winzige

Straßenzone in Kapstadt um 1800

Gruppe weißer Siedler auf eine immer größere Fläche verteilte. Um 1750 lebten 5000 Kolonisten auf einem Gebiet von der Ausdehnung Bayerns.

Die meisten »Buren« waren längst keine Bauern mehr. Sie hatten die mühselige Landwirtschaft aufgegeben und waren reine Viehzüchter geworden. Sie zogen mit ihren Herden von einem Weideplatz zum anderen und verloren rasch den Kontakt mit der ohnehin spärlichen Zivilisation von Kapstadt. Ihre Wirtschaft diente fast ausschließlich der Selbstversorgung. Sie ernährten sich von Fleisch und Milch, bauten ihre kärglichen Hütten aus Lehm und handelten sich Waffen, Pulver und Blei durch Elfenbein und Straußenfedern ein.

Vielen von ihnen war auch die halbe Seßhaftigkeit noch zuviel, zumal die Kolonie infolge des Sklavensystems wirtschaftlich stagnierte. Immer mehr Buren brachen zum »Trek« in das unbekannte Innere des Kontinents auf. Ähnlich wie zur gleichen Zeit die Grenzsiedler in Nordamerika zogen sie in schwerfälligen Planwagen hinter einem Dutzend Ochsengespannen über die weiten Hochebenen, das »Veld«.

Diese »Trekburen« hatten kein Ziel. Sie folgten einem anarchischen Urtrieb – weg von allem, von der Tyrannei der Kompanie, der Ordnung der Gesetze, dem Zwang der

Geldwirtschaft. Sie wollten keiner Macht Gehorsam schulden. Über ihnen war nur noch Gott. Doch dieser Gott war nicht der gütige Vater der universalistischen katholischen Kirche. Es war der strenge Zuchtmeister der kalvinistischen »Nederduits Gereformeerde Kerk« (Niederdeutsch-Reformierten Kirche). Er teilte die Welt in Herren und Knechte und blickte wohlgefällig auf die Herren herab. Denn aus dem Alten Testament leiteten die Kalvinisten die Rechtfertigung der Sklaverei ab: »Willst Du aber leibeigene Knechte und Mägde haben, so sollst Du sie kaufen von den Heiden, die um Euch sind« (3. Mose, 25).

Die frommen kalvinistischen Buren lasen das Alte Testament, das den Weg und das Leben eines nomadischen Hirtenvolkes beschreibt, wie ihr eigenes Geschichtsbuch. Sie sahen sich als das Auserwählte Volk, das von Gott in das Gelobte Land geführt und beauftragt wird, die Heiden auszurotten: »So sollt ihr alle Einwohner vertreiben vor eurem Angesicht und alle ihre Säulen zerstören, daß ihr also das Land einnehmet und darin wohnet, denn

Ausdehnung der Kapkolonie in der holländischen Zeit: Die nomadisierenden „Trekburen" zogen mit ihren Herden immer weiter nach Norden und Osten. Am Großen Fischfluß wurden sie vom Bantustamm der Xhosa zum Stehen gebracht

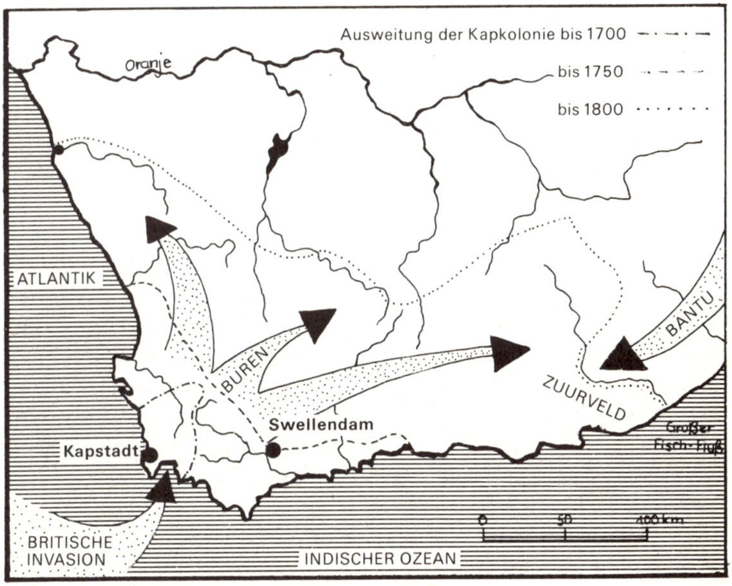

euch habe ich das Land gegeben, daß ihr's einnehmet« (4. Mose, 33).
Außer der Bibel lasen die Trekburen nichts. Nur wenige konnten überhaupt lesen, geschweige denn schreiben. Sie wußten nicht, was in der Außenwelt vor sich ging, und sie wollten es auch nicht wissen. Sie hatten die Brücken hinter sich abgebrochen. Ihre Isolierung war so stark, daß sich selbst ihre Sprache veränderte. Das klare Holländisch, das noch am Kap gesprochen wurde, schliff sich im Umgang mit den einheimischen Hottentotten ab zu einem primitiven Idiom, das den einfachen Verständigungsbedürfnissen in der Wildnis entsprach. Daraus wurde später das »Afrikaans«, die heutige Schriftsprache der Buren und erste Amtssprache Südafrikas.
Was sich dort im wilden Osten der Kolonie formte, war der Kern einer neuen Nation. Diese Kolonisten nannten sich schon im frühen 18. Jahrhundert »Afrikaaner«[7] – in selbstbewußter Unterscheidung zu den holländischen Beamten, die in Kapstadt das große Wort führten. Es waren nur wenige Tausend, die das »Trekken« zur Lebensform machten, aber sie zwangen die Geschichte Südafrikas in ihren Lauf. Die Grenzermentalität der Trekburen wurde die Philosophie der nachfolgenden Generationen: Großherzigkeit gegenüber ihresgleichen, Haß auf alles Fremde, Kugel und Peitsche für die »Kaffern«[8]. Ihr Denken stützte sich auf zwei handfeste Pfeiler – die Bibel und das Gewehr. Die Bibel gab ihnen das Recht und das Gewehr die Macht.
Das erste Opfer der vordringenden Weißen wurden die Buschmänner, die steinzeitlichen Ureinwohner Südafrikas. Die kleinen gelben Jäger raubten das Vieh der Buren und setzten sich durch Überfälle gegen die Eindringlinge zur Wehr. Die Buren starteten einen erbarmungslosen, Jahrzehnte dauernden Ausrottungskrieg. Im letzten Viertel des 18. Jahrhunderts verwüsteten »Strafkommandos« ganze Landstriche. 1792 verfaßte der Kommandoführer van der Welt folgenden Erfolgsrapport:
»27. September: Griff den ersten Kraal an, tötete 75 Buschmänner, machte 21 Gefangene. Fand 150 Hammel, 13 Rinder, ein Gewehr.
15. Oktober: Entdeckte wieder einen Kraal. Tötete 85 Buschmänner, machte 23 Gefangene, 124 Hammel.
20. Oktober: Entdeckte dritten Kraal, tötete elf, drei Gefangene.
24. Oktober: Entdeckte vierten Kraal. Tötete sieben, vier Gefangene[9].«
Frauen und Kinder wurden gewöhnlich als Beute unter die Mit-

Hollands letzter Kommandeur am Kap
Oberst Gordon

glieder des Kommandos verteilt und als Sklaven mit nach Hause genommen oder weiterverkauft. Zu Anfang des 19. Jahrhunderts waren die Buschmänner im Kapland praktisch ausgerottet.

Das andere Eingeborenenvolk des Kaplandes, die Hottentotten, unterwarf sich den vordringenden Buren. Die Stammesverbände lösten sich auf, die Familien verdingten sich auf den Farmen als Quasi-Sklaven oder irrten als Wanderarbeiter umher. Alkohol und Krankheiten gaben ihnen den Rest.

Der englische Missionar John Philip, der Anfang des 19. Jahrhunderts das Kapland bereiste, schreibt: »Im Verlauf von anderthalb Jahrhunderten wurden die Hottentotten von ihrem Land verjagt, ihrer Herden beraubt und mit wenigen Ausnahmen zu persönlicher Knechtschaft verurteilt, die sie erbärmlicher und hilfloser macht als die Sklaven, mit denen sie nun auf gleicher Stufe stehen. Ihre Dörfer sind fast überall verschwunden, und die wenigen armseligen Horden, die sich noch in einigen Distrikten halten, haben nicht mehr das Recht, ihre Häuptlinge selbst zu wählen. Der nächste Farmer schlägt der Regierung gewöhnlich die Ernennung einer seiner Kreaturen vor, der er trauen kann und die ihm mit all seinen Vasallen immer zu Diensten steht[10].«

John Philip beobachtete auch eine unterschiedliche Haltung der Buren gegenüber Sklaven und Eingeborenen: »Den Sklaven bringen die Farmer oft die gleichen Gefühle entgegen wie ihren Viehherden. Aber die Eingeborenen werden einfach als Ungeziefer betrachtet, das nur deshalb geduldet wird, weil es seinerseits noch schlimmeres Ungeziefer vertilgt.«

So drangen die Buren, ohne nennenswerten Widerstand zu finden, parallel zur Küste immer weiter nach Osten vor. Doch plötzlich stießen sie auf jenen neuen Gegner, der sie bald das Fürchten lehrte: die »Bantu«, athletische, schwarze Menschen mit höherer Zivilisation als Buschmänner und Hottentotten. Die »Bantu« (wörtlich: Menschen), ein Sammelbegriff für verschiedene Völker gleichen Ursprungs, waren Viehzüchter, besaßen hochentwikkelte Stammesorganisationen und verfügten über Metallwerkzeuge und vereinzelt über Feuerwaffen, denn sie hatten seit langem Kontakt mit Arabern und Portugiesen. Sie waren vor Generationen aus Zentral- und Ostafrika aufgebrochen und bewegten sich in breiter Front nach Süden. Sie suchten das gleiche wie die Buren – Weidegründe für ihre Herden. Um 1770 stießen beide Gruppen am Großen Fischfluß aufeinander.

Das Volk, das die Spitze der

schwarzen Völkerwanderung bildete, waren die Xhosa. Sie gehörten mit den Zulu und Swasi zur großen Gruppe der kriegerischen Nguni-Stämme. Freilich ereignete sich die historische Begegnung zwischen Buren und Bantu in Südafrika nicht als plötzlicher Zusammenprall. Schon lange hatten beide Seiten über Jäger und Elfenbeinhändler Kontakt miteinander, und die Kolonialverwaltung in Kapstadt war über die Verhältnisse jenseits ihrer Einflußzone wohlunterrichtet.

Um kriegerische Auseinandersetzungen mit den Bantu zu vermeiden, erneuerten alle Gouverneure das Verbot für die weißen Siedler, mit den »Kaffern« Viehhandel zu treiben und die Grenze der Kapkolonie zu überschreiten. Doch die Buren kümmerten sich weder um das eine noch um das andere. Den Jägern folgten die Farmer, und um 1770 hatte sich die vorderste Linie der Siedler rund 800 Kilometer weit von Kapstadt entfernt. Um die Leute unter Kontrolle zu halten, blieb der Kompanie nichts anderes übrig, als die Grenze abermals nach Osten zu verlegen. 1778 reiste Gouverneur Joachim van Plettenberg selbst an den Großen Fischfluß und ließ am Ufer Grenzpfähle setzen. Er erklärte den Buren und Xhosa abermals, daß die Regierung weder den einen noch den anderen gestatten werde, den Fluß zu überqueren.

Aber schon ein Jahr später kam es zum ersten »Kaffernkrieg«. Als Antwort auf die ständigen Übergriffe der Weißen drangen die Xhosa über den Grenzfluß vor. Im amtlichen Bericht des Landdrosts (Bezirkshauptmanns) von Stellenbosch an Gouverneur van Plettenberg vom 13. März 1780 heißt es: »Ursache der Feindseligkeiten sind vor allem die Gewalttätigkeiten und Provokationen der (weißen) Einwohner gegen die Kaffern. Diese haben sich beschwert, daß Willem Prinsloo (ein Grenzbauer) Vieh von ihnen genommen hat und daß sein Sohn Marthinus Prinsloo und einige seiner Gefährten bei einer Reise ins Kaffernland einen Untertan des Häuptlings Gaggabie getötet haben, was diese jedoch abstreiten. Es ist aber keineswegs unwahrscheinlich, daß die Beschwerden und Anklagen der Kaffern auf Tatsachen beruhen, denn die Natur des Kaffern, so rachsüchtig er auch sein mag, ist nicht so wild, daß er solche dreisten Angriffe grundlos unternimmt[11].«

Ferner erinnerte der Bezirkshauptmann den Gouverneur daran, daß der Sinn der Grenzverlegung »nicht so sehr die Ausweitung des Landes zum Vorteil unserer (weißen) Einwohner war, sondern vielmehr die Unterbindung des illegalen Handels dieser Leute mit den Kaffern, der, wie die Erfahrung lehrt, zu Roheiten der Einwohner gegen die Kaffern führt, was naturgemäß die Feindseligkeit jener Stämme hervorruft[12]«.

Die Regierung in Kapstadt war freilich nicht in der Lage, irgendwelche Maßnahmen im fernen Grenzgebiet durchzusetzen. Die Buren handelten auf eigene Faust. Sie stellten ein Kommando zusammen und trieben die Xhosa über den Großen Fischfluß zurück. Ihre Beute: 5300 Stück Vieh.

Dieser erste Grenzkrieg war der Auftakt einer langen Serie ähnlicher Konflikte. Die Buren lernten, daß die »Kaffern« ernstzunehmende Gegner waren. Die Xhosa hielten auch in Friedenszeiten regelmäßig militärische Übungen ab. Ihre Bewaffnung bestand aus den gefürchteten Assegais (Speeren), Holzkeulen und Lederschilden. Krieger, die einen Feind getötet hatten, trugen eine Kranichfeder am Kopfband. In geschlossenen Formationen kämpfend, waren sie den kleinen Gruppen berittener Buren mit ihren schwerfälligen Hinterladern durchaus ebenbürtig.

Zwölf Jahre nach ihrer Vertreibung überquerten die Xhosa abermals in breiter Front den Grenzfluß. Wieder war es ein Rachefeldzug, und diesmal brannten sie fast alle weißen Farmen nieder und besetzten das ganze »Zuurfeld«, eine fruchtbare Ebene westlich des Großen Fischflusses. Alle weißen Männer, die den Xhosa in die Hände fielen, sowie deren Hottentotten-Sklaven wurden niedergemacht.

Als die Buren die Behörden um militärische Hilfe baten, wurden sie jedoch bitter enttäuscht. Der neue Chef des Grenzdistrikts, Horatius Maynier, war von den Ideen der Französischen Revolution infiziert, die soeben in Europa stattgefunden hatte. Er hielt die Wilden für edlere Menchen und sprach den Xhosa das eroberte Gebiet, das ohnehin nicht zu verteidigen war, als rechtmäßigen Besitz zu.

Aber auch die Buren hatten inzwischen gehört, daß die Zeiten des Absolutismus zu Ende waren. Seit langem waren sie der Herrschaft der »Kompanie« überdrüssig, zumal am Kap nicht verborgen geblieben war, daß die einstige Herrscherin über die sieben Meere vor dem finanziellen Zusammenbruch stand: in eben dieser Zeit mußte die Kompanie mit 112 Millionen Gulden Schulden Bankrott erklären. An dieser Pleite hatte die Kapkolonie den größten Anteil. Sie hatte nie etwas eingebracht und kostete die »Herren XVII« zuletzt mehr als alle anderen Stationen zusammengenommen.

Britische Flaggenhissung in Kapstadt 1795

Als fernes Echo waren auch die Nachrichten von der amerikanischen Revolution ans Kap der Guten Hoffnung gedrungen. Die Buren begriffen davon so viel, daß sich auf der nördlichen Erdhälfte und auf der anderen Seite des Atlantik weiße Siedler vom Mutterland losgesagt und ihr Schicksal in die eigenen Hände genommen hatten.

So erhoben sich denn die Grenzburen in Revolte gegen die Kompanie, verjagten den Landdrost Maynier, der den Kaffern recht gegeben hatte, und wählten in der neugegründeten Grenzbezirksstadt Graaff-Reinet ihre eigenen Repräsentanten. Die Bürger von Swellendam, nur 200 Kilometer von Kapstadt entfernt, schlossen sich der Rebellion an.

Der erste Schritt zur Errichtung einer unabhängigen Burenrepublik war getan. Aber er kam im ungünstigsten Augenblick. Denn genau in diesen Junitagen des Jahres 1795 lief ein englisches Flottengeschwader in False Bay, im Rücken von Kapstadt, ein. Nicht die Buren, sondern die Briten bereiteten der Herrschaft der Kompanie ein Ende.

Die Kapkolonie fiel den Engländern wie ein reifer Apfel in den Schoß. Ein Jahrhundert lang hatten sie geduldig auf diesen Augenblick gewartet, jetzt war es soweit. Das revolutionäre Frankreich hatte Holland besetzt und die »Batavische Republik« ausgerufen. Der Prinz von Oranien war nach England geflohen und unterstellte das niederländische Kolonialreich dem »Schutz« Großbritanniens. London zierte sich nicht lange. Das Kap war die Achillesferse der Indien-Route. Wenn England nicht zugriff, setzte sich Frankreich hier fest.

Auf sich allein gestellt, konnte die Kolonie nicht daran denken, den Briten ernsthaften Widerstand zu leisten. Die Garnison von Kapstadt bestand aus Söldnern, vor allem deutschen, die keine Lust hatten, ihre Haut in einem sinnlosen Kampf zu Markte zu tragen. Kühn genug hatte der Gouverneur auch eine Eingeborenentruppe aus Hottentotten und freigelassenen Sklaven aufgestellt. Aber als es ins Gefecht gehen sollte, meuterten die »Panduren«.

Die einzigen, die kämpfen wollten, waren die Buren der Bürgermiliz. Aber sie waren schlecht bewaffnet und unerfahren im regulären Kriegshandwerk. Als die Invasionsflotte ein paar Breitseiten auf die Küstenstellungen abfeuerte und 5000 Infanteristen an Land setzte, brach der Widerstand zusammen. Die Zahl der Toten blieb auf beiden Seiten unter zehn.

Am 16. September 1795, um elf Uhr vormittags, übergab Hollands Hochkommissar Sluysken die Zitadelle von Kapstadt an den engli-

schen General Craig. Nach anderthalb Jahrhunderten wurde die niederländische Flagge vom Mast geholt.
Einige holländische Soldaten empfanden diesen Augenblick als tiefe Schande. Sie stießen Verwünschungen gegen den »verräterischen« Kommissar und seinen Militärbefehlshaber Oberst Gordon aus, und einer versuchte gar, gegen den Oberst tätlich zu werden. »Das einzige Mal, daß der Oberst den Degen zog«, berichtet der britische Chronist George M. Theal, »war der Augenblick, als er seinen Truppen befahl, die Waffen niederzulegen und sich zu ergeben[13]«.
Durch den Flaggenwechsel änderte sich in der Kolonie zunächst gar nichts. Die Briten begnügten sich damit, ihre militärische Macht am Kap zu etablieren, und 1803, nach dem Frieden von Amiens zwischen England und Frankreich, kehrten die Holländer sogar noch einmal für drei Jahre zurück.
Aber die »Batavische Republik« hatte keine Freude mehr am Erbe der bankrotten Ostindischen Kompanie. Die neuen Administratoren, die von Amsterdam nach Südafrika geschickt wurden, waren zwar aufgeklärte, liberale Männer, beseelt von den Idealen der Menschenrechte, aber sie konnten die Fehlentwicklung von anderthalb Jahrhunderten nicht rückgängig machen. Resignierend schrieb Generalkommissar Jacob de Mist nach einer Inspektionsreise durch das Land:
»Die weiten Entfernungen, die diese einsamen Niederlassungen von Kaptstadt trennen, manchmal 150 oder 200 Stunden mit dem Ochsenwagen; das Fehlen gesellschaftlichen Kontakts mit zivilisierten Menschen; das monotone Leben der Viehzüchter, das die Entwicklung der Zivilisation im gleichen Maße hemmt, wie die Bodenbearbeitung sie fördert; die tägliche Jagd; die dauernde Ernährung durch Fleisch und Wildbret; der Krieg – man möchte fast sagen: die organisierte Jagd – gegen Buschmänner und Kaffern, in dem sich unsere Leute angewöhnten, einen Mitmenschen so bedenkenlos niederzuschießen wie einen Hasen oder einen Wolf; die wirklichen oder eingebildeten Gründe für die Unzufriedenheit mit der Kapregierung, die ständig eine Politik der Härte verfolgte statt eine Politik der Toleranz und Überzeugung: all dies zusammen nährt den Dämon des Unfriedens[14].«
So ging die holländische Ära sang- und klanglos zu Ende, als im Januar 1806 abermals ein englisches Geschwader vor Kapstadt erschien – diesmal in der Absicht, den Union Jack für immer am Südende Afrikas aufzupflanzen. Hollands letzter

Gouverneur, Generalleutnant Jan Willem Janssens, konnte, ebenso wie elf Jahre zuvor sein Vorgänger Sluysken, nur symbolischen Widerstand leisten. Aber er wollte sich die Schmach der Kapitulation in der Festung von Kapstadt ersparen. Mit den letzten Truppen – das deutsche Söldnerregiment Waldeck war als erstes geflohen – zog er sich vor der anrückenden Invasionsarmee in die Hottentots-Holland-Berge[15] zurück.

Dort bot ihm der britische Oberbefehlshaber, General Baird, per Brief ehrenvollen freien Abzug an. Die Holländer sollten nicht als Kriegsgefangene betrachtet und auf britische Kosten in die Heimat transportiert werden. Am 18. Januar 1806 unterzeichnete General Janssens die Bedingungen in seinem Feldlager. Am 6. März verließ er Kapstadt zusammen mit 94 Offizieren, 573 Mann, 31 Verwaltungsbeamten und 53 Frauen und Kindern. Sieben Schiffe brachten die Reste der niederländischen Kolonialverwaltung zurück nach Europa, 154 Jahre nachdem Jan van Riebeeck an dieser Stelle gelandet war.

Für Südafrika begann an diesem Tage eine neue Epoche: Englands Versuch, zivilisierte Sitten im Kapland einzuführen und aus den Buren loyale Bürger des britischen Reiches zu machen. Das eine gelang zur Hälfte, das andere scheiterte zur Gänze.

3 England befreit die Sklaven

Für das Empire erwies sich die südafrikanische Neuerwerbung als schwerverdaulicher Brocken. London stand plötzlich vor dem Problem, ein weißes Herrenvolk regieren zu müssen, das nicht aus Engländern bestand und außer der Hautfarbe nichts mit Engländern gemein hatte. Die Buren sprachen eine andere Sprache, hatten einen anderen Glauben, besaßen eine andere Staats- und Gesellschaftsordnung und lebten auf einer Zivilisationsstufe, die Europa seit über hundert Jahren hinter sich gelassen hatte. So prallten mit der Ankunft der Briten in Südafrika zwei Welten und zwei Zeitalter aufeinander.

Kurz nach der Okkupation begann England, die holländische Kolonie zu anglisieren. Es ersetzte das römisch-niederländische Recht, das noch aus dem Heiligen Römischen Reich Deutscher Nation stammte, durch den britischen Kodex. Es hob das religiöse Monopol der kalvinistischen Staatskirche auf und führte die Glaubensfreiheit ein. Es erklärte Englisch zur Amtssprache und schickte schließlich die ersten englischen Siedler ins Land.

Für die Buren stellten alle diese Maßnahmen unerträgliche Provokationen dar. Doch mehr als alles andere empörte sie die zunehmend liberale Eingeborenenpolitik der Briten. Denn der britische Imperialismus, so brutal er sich auch Bahn brach, wurde begleitet vom zivilisatorischen Eifer der bürgerlichen Epoche. England wollte die Weltherrschaft, aber es sollte eine Weltherrschaft der Vernunft und des Rechts sein.

Sklaverei hatte darin keinen Platz. Sie war nicht nur unrecht, sondern auch unvernünftig. Denn Weltherrschaft ließ sich nicht auf Unterdrükkung gründen. Die »natives«, die Eingeborenen, sollten vielmehr wissen, daß England ihre Rechte und Institutionen schützte, solange sie der britischen Krone ergeben waren.

Die Buren dagegen lebten wie unter einer Glasglocke in der Welt des 17. Jahrhunderts, der Welt des Faustrechts. Ihre Gesellschaftsordnung gründete sich auf zwei selbstverständliche, nie in Frage gestellte

Mit Bibel und Spaten: Englische Missionsstation im Kapland

Annahmen: daß der Weiße der Herr des Schwarzen sei und daß der Weiße sich so viel Land nehmen könne, wie ihm beliebe.

Die Buren betrachteten jeden Zweifel an dieser Grundordnung als hinterhältigen Angriff auf ihre Lebensbasis, und sie waren entschlossen, diese Ordnung auch gegen die neuen Kolonialherren zu verteidigen.

So begann der lange Kampf zwischen der britischen Weltmacht und einer Handvoll Weißer in Südafrika. Das Ringen überdauerte das Empire und endete in der Mitte des 20. Jahrhunderts mit dem endgültigen Sieg der Afrikaaner.

Den ersten Stoß gegen die burische Lebensordnung führte England schon ein Jahr nach der Besetzung der Kapkolonie: 1807 wurde der Sklavenhandel verboten (der Besitz von Sklaven war vorläufig noch erlaubt). Das Verbot galt für das gesamte Empire, war also nicht mit Blick auf Südafrika erlassen. Für die Buren bedeutete das Gesetz jedoch einen empfindlichen Schlag. Sie konnten nun keine Sklaven mehr aus Madagaskar oder Asien importieren, und es war abzusehen, wann die Sklaven, die sie jetzt noch besaßen, zu alt sein würden, um zu arbeiten. Die Buren mußten sich daher nach einem Ersatz umsehen, wollten sie ihre Lebensform erhalten. Diesen Ersatz glaubten sie in den eingeborenen Hottentotten finden zu können.

Um die Hottentotten als Arbeitskräftereservoir benutzen zu können, erwirkten die Buren 1809 von der britischen Kolonialverwaltung eine Aufenthalts- und Paßverordnung, die anderthalb Jahrhunderte später zum Vorbild für die südafrikanischen Rassengesetze wurde.

Das Gesetz von 1809 entzog den nomadischen Ureinwohnern die Freizügigkeit. Jeder Hottentotte mußte einen festen Wohnsitz haben, den er nicht ohne staatliche Genehmigung verlassen durfte. Wer »im Dienst seines Herrn oder in gesetzlichen Geschäften« unterwegs war, mußte einen Paß bei sich führen. »Wer diese Anordnung mißachtet, wird als Vagabund betrachtet und dementsprechend behandelt[1].«

Das Gesetz öffnete den Buren auch eine Tür zur verkappten Kindersklaverei: Der Farmer konnte jedes Hottentotten-Kind, das auf seinem Hof geboren wurde, nach Vollendung des achten Lebensjahres für zehn Jahre als »Lehrling« in Dienst nehmen. Ein Einspruch der Eltern war nicht möglich.

Auch erwachsene Hottentotten, die einmal im Dienst eines Weißen standen, waren praktisch auf Lebenszeit versklavt, da sie ihren Herrn nur mit Genehmigung der Kommunalbehörde wechseln durf-

Dr. John Philip: „Dieses System darf nicht fortbestehen“

ten, diese aber natürlich in der Regel nicht gegen die Großgrundbesitzer entschied.

Allerdings enthielten die »Hottentotten-Gesetze« auch Schutzklauseln für die Eingeborenen. Sie wurden der allgemeinen Gerichtsbarkeit unterstellt und waren damit vor dem Gesetz gleich, jedenfalls nominell. Mißhandlungen oder Sonderstrafen wie gegen Sklaven waren ausdrücklich verboten.

Diese Schutzbestimmungen wurden zum Anlaß für ein Ereignis, das sich tief in die kollektive Erinnerung der Buren einbrannte und den Beginn der offenen Konfrontation mit England markiert. Es ist die Geschichte von »Slagters Nek«, die Geschichte eines Buren, der nicht

einsehen konnte, daß ein Gesetz ihm vorschrieb, wie er seine »Kaffern« zu behandeln habe.
Der Mann hieß Frederick Bezuidenhout. Er siedelte an der wilden Ostgrenze der Kolonie, 48 Kilometer vom nächsten Distriktbeamten, 120 Kilometer von der nächsten Kirche entfernt. Gegen ihn hatte ein Hottentotte Anzeige wegen Mißhandlung erstattet.
Nachdem der Bauer mehrfache Aufforderungen, vor Gericht zu erscheinen, ignoriert hatte, schickte die Behörde einen englischen Leutnant und zwölf Hottentotten-Soldaten zu ihm. Bezuidenhout empfing das Kommando mit gezielten Schüssen aus seiner Elefantenbüchse. Die Soldaten erwiderten das Feuer und töteten ihn.
Darauf schwor der Bruder des Toten, Jan, blutige Rache. Er zettelte eine Verschwörung der Grenzbauern an. Die Briten bekamen jedoch Wind von der Sache, und als sich die Rebellen an einem einsamen Fleck namens Slagters Nek versammelten, wurden sie von einem britischen Kommando umstellt. Die meisten ergaben sich, nur Jan Bezuidenhout nicht. Er fiel im Kampf wie sein Bruder.
Die überlebenden Verschwörer kamen vor Gericht. Fünf wurden zum Tode verurteilt und auf der Farm erhängt, wo die Verschwörung stattgefunden hatte. Ihre 33 Kameraden mußten der Hinrichtung zusehen, bewacht von 300 Soldaten.
Das »Terrorurteil von Slagters Nek« wurde für die Buren zum Symbol britischer Willkür und Unterdrückung. Von nun an herrschte Todfeindschaft. Von Jahr zu Jahr wurde der Graben tiefer.
Mehr noch als die britische Kolonialverwaltung trugen ausländische Missionare zur Erbitterung der Buren bei. Die kalvinistische Kirche der Afrikaaner hatte nie großen Missionierungseifer entwickelt, denn eine Massenbekehrung der Eingeborenen widersprach dem Dogma von der gottgewollten Ungleichheit zwischen dem Auserwählten Volk und den Heiden. Außerdem hätte eine Christianisierung der Schwarzen der burischen Sklavengesellschaft den Boden entzogen, denn Christen durften auch nach kalvinistischem Glauben keine Sklaven sein.
Dagegen verbreiteten die anderen christlichen Konfessionen die Botschaft des Neuen Testaments unter den Eingeborenen. Die erste Missionsstation für Hottentotten wurde 1737 von einem Deutschen gegründet, dem Herrnhuter Georg Schmidt. Aber Schmidt wurde seiner Siedlung »Genadendal« (Gnadental) – später die berühmteste Missionsstation – nicht froh: Nachdem er mehrere Eingeborene getauft hatte, wurde er aus der Ko-

lonie gewiesen. Erst ein halbes Jahrhundert später durften die Herrnhuter Missionare zurückkehren, und erst nach dem Ende der holländischen Herrschaft konnten sie unbehindert arbeiten.

Mit der englischen Kolonialverwaltung kamen auch englische Missionare. Der bekannteste von ihnen war der bereits erwähnte Dr. John Philip, Superintendent der »London Missionary Society«. Er wurde zum ersten Vorkämpfer für die Beseitigung der Rassendiskriminierung in Südafrika und der bestgehaßte Mann für die Buren.

John Philip hatte mehrere Jahre in der neuerworbenen Kolonie gelebt und sie kreuz und quer bereist. 1828 veröffentlichte er in London einen ausführlichen zweibändigen Bericht über die Zustände in Südafrika. Es war eine leidenschaftliche Anklage gegen die Buren, »die mitten in einer Bevölkerung von Sklaven und Hottentotten leben, die sie ohne jede Kontrolle tyrannisieren[2]«.

Philip beklagte vor allem das elende Dasein der Hottentotten. »Die verschiedenen Glieder eines Staates«, schrieb er, »werden oft mit den Gliedern des menschlichen Körpers verglichen. Man sagt mit Recht, daß, wenn ein Organ krank ist, der ganze Körper in Mitleidenschaft gezogen wird. Wenn nun nach diesem Bild die Hottentotten als die Füße bezeichnet werden, mag die Frage erlaubt sein, was aus dem Körper werden soll, wenn die Füße Wundbrand haben? Der Schmutz und die Indolenz der Hottentotten sind sprichwörtlich. Aber diese Übel sind durch ihre Situation verursacht. Wenn ein Volk unterdrückt und ausgeplündert wird, ist es auch erniedrigt; und Indolenz und Schmutz sind die unzertrennlichen Gefährten der Erniedrigung[3].«

Philips aufsehenerregender Report gipfelte in der Forderung an die britische Regierung, die Hottentotten-Gesetze aufzuheben: »Dieses System grausamer Unterdrückung darf nicht fortbestehen. Die britische Regierung kann unmöglich dulden, daß derart schreckliche Übel in irgendeiner ihrer überseeischen Besitzungen existieren. Lassen wir den Hottentotten Gerechtigkeit widerfahren, befreien wir sie von der Unterdrückung durch die lokalen Behörden, geben wir ihnen das Recht, die Früchte ihrer Arbeit auf dem besten Markt zu verkaufen, schenken wir ihnen die Möglichkeit, für ihre Familien sorgen zu können, öffnen wir ihnen die Kirchen der Kolonisten – und dann, wenn all diese schlimmen Unterscheidungen, die jede Gemeinschaft zerstören, beseitigt sind, dann werden die abscheulichen Züge, die jetzt das Bild unserer afrikanischen Gesellschaft entstellen und eine Verrottung bis ins Mark anzeigen, vielleicht ver-

schwinden[4].«
Philips Protest trug entscheidend dazu bei, daß die diskriminierenden Gesetze 1828 aufgehoben wurden. Die »50. Ordinance« (Verordnung) – eine in der burischen Geschichtsschreibung berüchtigte Maßnahme – verlieh den Eingeborenen die gleichen bürgerlichen Rechte wie den Weißen. Ihre Freizügigkeit wurde wiederhergestellt, sie durften wieder Land erwerben (was ihnen durch die Hottentottengesetze verboten worden war), und sie konnten ihre Arbeitgeber nach Belieben wechseln. Es war ein entscheidender Schritt nach vorn, und es dauerte mehr als hundert Jahre, bis es den Afrikaanern gelang, ihn wieder rückgängig zu machen.
Der »50. Ordinance« folgte bald ein neuer Schlag gegen die burische Gesellschaftsstruktur: 1833 wurde im ganzen Empire die bis dahin noch erlaubte Sklavenhaltung verboten. In der Kapkolonie verwandelten sich damit 40000 Leibeigene in freie Bürger – zumindest auf dem Papier. Zwar erhielten die Sklaveneigner eine finanzielle Teilentschädigung – insgesamt wurden 1,25 Millionen Pfund Sterling von der britischen Regierung gezahlt –, aber die burische Wirtschafts- und Sozialordnung war durch die Aufhebung der Sklaverei an der Wurzel getroffen. Von nun an mußten die Farmer Löhne zahlen und – was schlimmer war – sich daran gewöhnen, daß ihre Knechte fortliefen, wenn sie sich schlecht behandelt fühlten.
Spätestens seit diesem Zeitpunkt stellten die Afrikaaner Überlegungen an, wie ihre bedrohte Lebensform zu retten sei. An Krieg war nicht zu denken, denn England war damals nicht zu schlagen. Wenn sie sich nicht anpassen wollten – und Anpassung war das letzte, was den Buren je in den Sinn kam –, blieb nur ein Weg: auszuwandern, fortzuziehen aus der britischen Kolonie in das Innere Afrikas. Den letzten Anstoß dazu gab die britische Grenzpolitik.
Seitdem die Xhosa den burischen Drang nach Osten am Großen Fischfluß gestoppt hatten, herrschte ständiger Kleinkrieg an der Ostgrenze der Kolonie. Die Engländer versuchten, Ruhe zu schaffen, indem sie mit den Xhosa die Errichtung einer »neutralen« Pufferzone östlich des Großen Fischflusses vereinbarten. Weder Weiße noch Schwarze sollten in dieser Zone siedeln. Aber wie schon so oft hielt sich keine der beiden Seiten an den Vertrag. Burische Trekfarmer durchquerten sogar die ganze »neutrale Zone« und ließen sich tief im Xhosaland nieder.
1834 holte Xhosa-Häuptling Hintsa zum Gegenschlag aus. Ein Heer von 12000 schwarzen Krie-

Xhosa-Krieger (Anfang 19. Jahrhundert)

gern fiel in die »neutrale Zone« ein, vertrieb die Weißen und brannte alle Farmen nieder. Es war das gleiche Drama, das sich schon 40 Jahre zuvor unter der holländischen Herrschaft abgespielt hatte.
Gouverneur Benjamin D'Urban schickte britische Truppen an den Großen Fischfluß. Seite an Seite mit burischen Kommandos trieben die Engländer die Schwarzen nicht nur aus der »neutralen Zone«, sondern noch hundert Kilometer weiter, bis über den Kei-Fluß. Häuptling Hintsa wurde nach seiner Gefangennahme bei einem »Fluchtversuch« erschossen – eine Affäre, die in London so beschämend empfunden wurde, daß eine Untersuchungskommission eingesetzt wurde.
Das eroberte Xhosa-Land, einschließlich der ehemals »neutralen Zone«, wurde als »Provinz Queen Adelaide« der Kapkolonie einverleibt. Gouverneur D'Urban erlaubte den Buren zum Dank für ihre Waffenhilfe, daß sie hier siedeln durften. Außerdem sagte er ihnen Entschädigungen für die beim Xhosa-Einfall erlittenen Verluste zu. Die Reste des Xhosa-Stammes, so bestimmte D'Urban, durften nur noch jenseits der Kei, in der »Transkei«, siedeln.
Nach diesen Entscheidungen D'Urbans schien es fast, als würden sich Buren und Briten aussöhnen und fortan gemeinsam die »Kaffern« bekämpfen. Doch dann geschah etwas Ungeheuerliches: London hob die Entscheidung des Gouverneurs auf, widerrief die Annexion und sprach das umstrittene Territorium den Xhosa als rechtmäßigen Besitz zu – genauso, wie schon 40 Jahre zuvor die holländische Kolonialverwaltung im Fall des Zuurveld entschieden hatte.
»Die Kaffern«, so schrieb Kolonialminister Lord Glenelg im Dezember 1835 an D'Urban, »hatten volle Berechtigung für diesen Krieg. Erbittert durch eine lange Serie von Aggressionen und Opfer einer dauernd wechselnden Politik der örtlichen Behörden, wollten sie nichts anderes als dieses Land, aus dem sie vertrieben worden waren, zurückgewinnen. Das Recht liegt in diesem Fall bei den Besiegten und nicht bei den Siegern[5].«
Die »Glenelg-Depesche« versetzte die ganze Kolonie in Erregung. Die Buren waren fassungslos. Sie konnten nicht glauben, daß der König von England den »schwarzen Mordbrennern« das Land zusprach, das sie eben erst »zurückerobert« hatten.
Diese Demütigung machte das Maß voll. Die Buren konnten England nicht länger ertragen. Sie beschlossen, die Kapkolonie zu verlassen und sich eine neue Heimat zu suchen, denn Gott sei Dank war

Burenfamilie mit schwarzem Haussklaven auf dem Trek

Afrika groß genug. Kundschafter hatten das Hinterland schon untersucht: Jenseits der Berge, im »Hochveld«, gab es große fruchtbare Weideflächen, und mit den Bantu, die dort ihre Herden weideten, würde man schon fertig werden. Anfang 1835 brachen die ersten Gruppen zum »Großen Trek« auf.

4 Der Große Trek

Der Große Trek nimmt im Geschichtsbild der Afrikaaner den gleichen Rang ein wie die Unabhängigkeitserklärung für die Amerikaner. Seine Legenden bilden den Wurzelgrund des burischen Nationalismus, seine Helden wurden zu Leitbildern des Herrenvolkes, sein Symbol – die Wagenburg – zum Mythos des weißen »Afrikaanertums«. Und wie die Freiheitsstatue von New York, so verkörpert das Voortrekker-Denkmal in Pretoria die Idee dieses von Amerika so grundverschiedenen Staatswesens. Das eine Monument symbolisiert die Öffnung zur Welt, die Einladung an die Menschheit, das andere den geschlossenen Ring, die verschworene Gemeinschaft in einem Meer von Feinden.

Der Große Trek war eines der bedeutendsten und folgenschwersten Unternehmen in der Geschichte Afrikas. Es war keine ziellose Wanderbewegung mehr wie die weißen Nomadenzüge des 18. Jahrhunderts, die zur Ausweitung der Kapkolonie führten. Der Große Trek war ein sorgfältig geplanter und vorbereiteter Massenaufbruch von rund 15000 Menschen mit einem politischen Ziel: die Gründung einer souveränen Republik – freilich nicht, um eine neue Gesellschaft aufzubauen, sondern um eine alte zu retten.

Der Aufbruch aus der Kapkolonie fiel den »Voortrekkern« nicht schwer. Sie waren fast ausnahmslos Viehzüchter, stammten in der Mehrzahl aus dem Grenzgebiet und waren daher seit Generationen an ein halbnomadisches Leben gewöhnt. Der Ochsenwagen, und nicht das feste Haus, stellte ihre Wohnung dar.

Der politische Kopf der Voortrekker war Piet Retief, einer der wenigen, die nicht zu den Grenzfarmern gehörten. Er stammte aus der Umgebung von Kapstadt, also aus seßhaftem Milieu, hatte mehrere Berufe ausgeübt und bekleidete zuletzt den Posten des beamteten »Feldkommandanten« (Bezirkshauptmann) im Distrikt Winterberg. Da er lesen und schreiben konnte, vertrat er die Angelegenheiten der Grenzburen gegenüber der Regierung. In einem langen Briefwechsel mit den britischen Behörden kündigte er die bevorstehende Massenauswanderung an. Einer der Hauptgründe war die Sklavenfrage.

»Die Schwierigkeiten der Siedler«, schrieb Retief im April 1836 an den zuständigen Zivilkommissar von Grahamstown, »werden erhöht durch die Nicht-Zahlung der Sklavenentschädigung, durch die zunehmende Insubordination und Desertion der befreiten Sklaven und anderer Farbiger ... Wenn ihre vernünftigen Forderungen nicht erfüllt werden, werden sie zu ihrem großen Bedauern gezwungen sein, ihre fruchtbaren Farmen zu verlassen, um Schutz und Sicherheit an einem günstigeren Ort zu suchen[1].«

Der Schriftwechsel führte zu keinem Ergebnis. England war nicht bereit, zugunsten der südafrikanischen Farmer andere Gesetze zu erlassen als für den Rest des Kolonialreiches. Nachdem die ersten Gruppen der Voortrekker die Kapkolonie verlassen hatten, brach auch Piet Retief an der Spitze eines Zuges auf.

Jeder der Züge bestand aus vielen hundert Männern, Frauen und Kindern, samt ihrer Hottentotten-Dienerschaft – ein stampfender, ungefüger Heerwurm, vergleichbar den Horden der europäischen Völkerwanderung. Über das weglose Land wälzten sich die Treks der Ochsenwagen, voll beladen mit allem Hab und Gut, mit Vorräten an Lebensmitteln und Munition, begleitet von Zehntausenden von Rindern und Schafen, dem Kapital der Buren, eskortiert von den berittenen Männern, einer Truppe hervorragender Einzelkämpfer.

Retiefs Leute wollten sich nicht davonstehlen wie Diebe in der Nacht. Der König von England sollte erfahren, weshalb sie nicht mehr seine Untertanen sein wollten, und so veröffentlichte Piet Retief am 2. Februar 1837 ein Manifest, das über die Mentalität der Buren mehr sagt als viele akademische Untersuchungen.

Punkt 1 der langen Beschwerdeliste bezog sich auf die Aufhebung der Hottentotten-Gesetze: »Wir haben die Hoffnung verloren, daß jene Übelstände beseitigt werden, die durch das aufrührerische, unehrenhafte Betragen von Landstreichern hervorgerufen werden, die das ganze Land unsicher machen.«

Punkt 2 lautete: »Wir beklagen die schweren Verluste, die uns durch die Emanzipation der Sklaven und die damit zusammenhängenden drückenden Gesetze auferlegt wurden.«

Im Punkt 5 versichern die Buren, daß sie »niemanden in Sklaverei halten«, andererseits aber »das gebührende Verhältnis zwischen Herr und Diener bewahren« wollen.

Aufbruch ins gelobte Land: Voortrekker beim Marsch über die Drakensberge

Schließlich erklärten die Voortrekker feierlich, »daß wir diese Kolonie in dem Wunsch verlassen, ein ruhigeres Leben als bisher zu führen. Wir wollen andere Völker weder stören noch ihnen das geringste Eigentum nehmen, aber, wenn wir angegriffen werden, werden wir uns gegen jeden Feind bis zum Äußersten verteidigen[2].«

Diese Klausel war ein selbstausgestellter Freibrief für die kommenden Blutbäder. Denn der »Große Trek«, das romantisch verklärte Heldenepos der Afrikaaner, war in Wirklichkeit der letzte große Landraub des weißen Mannes.

Die Zielgebiete der Voortrekker waren ebensowenig »menschenleer« wie einst das Kapland zur Zeit Jan van Riebeecks. Jenseits der britischen Kolonie zogen sich die Territorien der Sotho- und Nguni-Völker wie ein Sperriegel vom Indischen Ozean bis zur Kalahari-Wüste. Schon die Xhosa verlegten den Buren den Weg entlang der Küste. Deshalb marschierten sie zunächst nach Norden in das »Hochveld«, die Hochebene zwischen Oranje und Vaal. Dieses Gebiet gehörte zum Herrschaftsbereich Msilikatsis, des Häuptlings der Ndebele.

Die Ndebele, ein kriegerisches Bantu-Volk, beobachteten seit Jahren mit wachsendem Mißtrauen, wie weiße Jäger und Späher durch ihr Gebiet zogen. 1836 erreichte schließlich die erste große Gruppe der Voortrekker unter Führung von Andries Hendrik Potgieter das Territorium der Ndebele. Als sich die weißen Auswanderer mit ihren riesigen Viehherden in der offensichtlichen Absicht näherten, das Land zu besetzen, beschloß Msilikatsi zu handeln. Während Potgieter mit einem Aufklärungskommando über den Vaal nach Norden vordrang, griffen die Ndebele das Hauptlager der Buren bei Vegkop an.

Das »Laager« der Voortrekker war in der üblichen Weise zu einer Festung ausgebaut: Die schweren Ochsenwagen bildeten einen dichten Kreis, der zusätzlich durch Dorngestrüpp gesichert war und den Verteidigern ideale Deckung gegen die Speere der Schwarzen bot, gleichzeitig aber genügend Schießscharten freiließ, um die Wagenburg in einen feuerspeienden Ring zu verwandeln.

Die »Schlacht von Vegkop« war der erste Kampf dieser Art. Der Kommandant des Lagers, Karl Celliers, ein Bure hugenottischer Abstammung, hat ihn anschaulich beschrieben:

»Die Kaffern stellten sich in drei Heerhaufen von je 2000 Mann in einiger Entfernung von uns auf. Sie ließen uns Zeit, unsere Gewehre zu säubern (von den vorhergegangenen Kämpfen) und das Lager in Verteidigungszustand zu setzen.

Schlacht von Vegkop 1836: Die Wagenburg wurde zum Mythos des Afrikaanertums

Unsere Frauen hatten Kugeln hergestellt, während wir auf Erkundung waren. Ich ließ sieben Wagen mit den Frauen und Kindern in die Mitte des Lagers ziehen. Es wurde vereinbart, daß niemand schießen sollte, ehe ich nicht den ersten Schuß abgab. Dann schlug jemand vor, ein weißes Tuch an einen Peitschenstiel zu binden und hochzuhalten. Ich stimmte zu, und sobald das Tuch gehißt war, kam große Bewegung in die Kaffern. Sie rückten geschlossen vor und umringten unser kleines Lager so dicht, daß keine Lücke mehr frei blieb.«

»Ich hatte zwei Kanonen«, fährt Celliers fort, »eine mit Schrot, die andere mit einer Kugel geladen. Als die Kaffern dreißig Fuß entfernt waren, ließ ich zuerst die Schrotladung abfeuern und dann die andere Kanone. Der Feind versuchte mit furchtbarer Gewalt, den Dornbuschverhau fortzuziehen, aber er war mit den Ketten der Wagen verflochten, und sie konnten die Wagen nur einen halben Fuß aus ihrer Stellung bewegen. An meinem Wagen zählte ich später 70 Speerlöcher in der Zeltplane. Von unseren Leuten wurden zwei getötet und 14 verwundet, darunter ich selbst. Vor der Wagenburg lagen 430 tote Feinde, und im Innern fanden wir 1137 Speere[4].«

Der Ablauf des Kampfes ist typisch für alle späteren Zusammenstöße. In ihrer Wagenburg waren die Buren trotz ihrer zahlenmäßigen Unterlegenheit unüberwindlich. Bei minimalen eigenen Verlusten dezimierten sie die Armeen der Bantu. Diese Erfahrung stärkte das ohnehin ausgeprägte Superioritätsgefühl der Buren und bildet bis zum heutigen Tage das psychologische Fundament der Apartheidspolitik.

Nach ihrem ersten Sieg beschlossen die Voortrekker, den Stamm der Ndebele vollends zu vernichten. Häuptling Msilikatsi hatte sich inzwischen über den Vaal nach Norden zurückgezogen, aber ein Strafkommando der Buren, 170 Reiter stark, folgte ihm über 450 Kilometer bis zu seinem Hauptkraal Mosega. Das Kommando umstellte die Hütten und eröffnete ohne Warnung das Feuer. Der südafrikanische Historiograph George Cory beschreibt den Überfall so:

»Die Morgenstille wurde plötzlich von einer Salve der Buren-Gewehre zerrissen. Von Panik getrieben, stürzten die Ndebele aus ihren Hütten. Die ersten wurden getötet oder schwer verwundet. Die nächsten ergriffen ihre Schilde und Speere, um zu kämpfen, aber sie hatten keine Chance gegen Waffen, die auf diese Entfernung töten konnten. Als sie die Aussichtslosigkeit ihrer Lage erkannten, flohen sie. Sie wurden bis gegen Mittag verfolgt. Schätzungsweise 400 wurden getötet. Das Kommando hatte nicht einmal einen Verwundeten[5].«

Nach dieser Vernichtungsaktion zog sich Msilikatsi mit den Resten seines Stammes noch weiter nach Norden über den Limpopo bis in das Gebiet des späteren Rhodesien zurück. Damit hatten die Voortrekker ihren stärksten Gegner auf dem Hochveld ausgeschaltet.

Unterdessen hatten sich Potgieters Leute an einem Platz namens Thaba

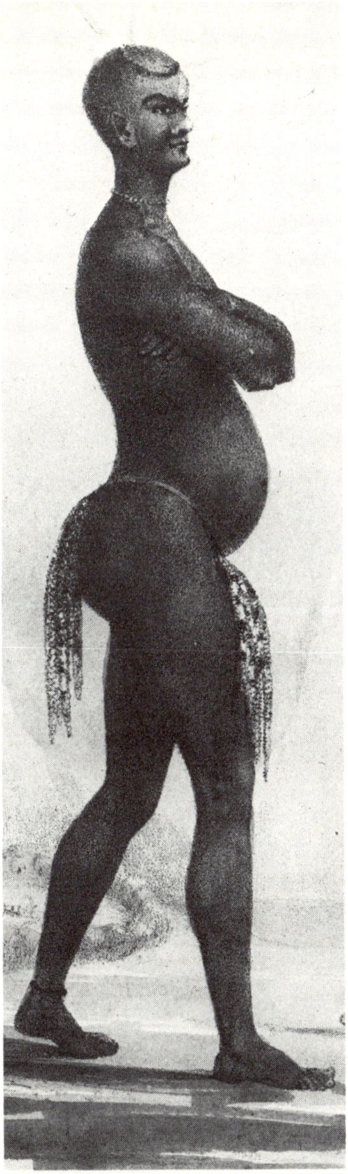

Nchu (Schwarzer Berg), in der Nähe der heutigen Stadt Bloemfontein, gesammelt. Kurz darauf stieß auch der Trek unter Piet Retief dazu, so daß hier im Jahre 1837 annähernd 5000 Voortrekker versammelt waren. Sie bildeten den Kern und die Aristokratie der späteren Burenrepubliken. Ihre Nachfahren stellen bis heute die Führungselite des weißen Südafrika.

In der Einöde von Thaba Nchu entstand die Vorform eines Staates. Die 5000 Voortrekker, verstreut über mehrere Lager von zusammen etwa 1000 Ochsenwagen, konstituierten sich als »Das Volk« (Het Volk) und wählten einen »Volksrat«, der seinerseits die Führer bestimmte: Piet Retief wurde zum Generalkommandanten der »Vereinigten Lager«, Gert Maritz zum Präsidenten des Volksrats gewählt. Es war eine streng demokratische Gewaltenteilung. Denn obwohl die Buren nie die Gleichheit der Rassen und nicht einmal die Gleichheit aller Weißen anerkannten, so galt in der Herrenkaste selbst das Prinzip absoluter Egalität.

Die neue »Maatschappij« (Gemeinschaft) offenbarte freilich auch sogleich ihre Schwächen. Die Voortrekker, seit Generationen an Einsamkeit und Selbstherrlichkeit ge-

Msilikatsi, Häuptling der Ndebele: Erstes Opfer der Voortrekker

wöhnt, zeigten eine unüberwindliche Abneigung gegen übergeordnete, abstrakte Zwänge, gegen Kompromisse und Mehrheitsbeschlüsse, die Voraussetzungen staatlicher Ordnung.

Sie besaßen nun die Freiheit, nach der sie sich in der Kapkolonie gesehnt hatten, aber schon bei der Frage, was sie mit dieser Freiheit anfangen sollten, brachen die »Vereinigten Lager« auseinander. Potgieter, der bei der Postenverteilung leer ausgegangen war, zog mit seinen Leuten weiter nach Norden, Piet Retief und Gert Maritz dagegen wandten sich nach Süden. Ihr Ziel war das Meer, der Indische Ozean. Sie wollten sich an der Küste, in der heutigen Provinz Natal, niederlassen.

Der Hafen Durban (damals Port Natal) war zu jener Zeit eine englische Handelsniederlassung von einem Dutzend Lehmhütten, aber das Gebiet unterstand nicht der britischen Krone. Das Land gehörte den Zulu, dem Herrenvolk der Bantu. Die Begegnung mit den Zulu wurde das prägende Ereignis der burischen Geschichte.

Die Zulu gehören wie die Xhosa zur Gruppe der kriegerischen Nguni-Völker. Anfang des 19. Jahrhunderts stiegen sie zur schwarzen Vormacht in Südostafrika auf – dank König Shaka, der einen furchterregenden Militärstaat aufbaute. Er machte aus den Zulu ein Volk, dessen einziger Daseinszweck der Krieg war, eine Art schwarzes Sparta.

Die Jugend wurde ausschließlich zum Kriegsdienst erzogen und lebte in geschlossenen Militärlagern unter Aufsicht von »Indunas« (Unterführern). Die Disziplin war grausam. Wer den Anforderungen nicht genügte, wurde getötet. Um die Soldaten abzuhärten, ließ Shaka sie barfuß über glühende Kohlen laufen. Diese Maßnahme hatte allerdings auch einen praktischen Zweck: Shaka schaffte die Sandalen als Fußbekleidung ab, so daß die barfüßigen Zulukrieger schneller waren als ihre Gegner.

Solange die jungen Zulu Militärdienst leisteten, durften sie nicht heiraten, und sie durften erst mit einem Mädchen schlafen, wenn sie einen Feind getötet hatten. Während der Feldzüge war Geschlechtsverkehr verboten. Die Mädchen wurden zu Frauenbataillonen zusammengefaßt, die Hilfs- und Versorgungsdienste zu leisten hatten.

Auf diese Weise unterhielt Shaka eine stehende Armee von 40000 Mann. Sie war in »Impis« (Regimenter) gegliedert, die wie zur friderizianischen Zeit in geschlossener Formation angriffen. Shaka ersetzte den Assegai (Wurfspeer), der nach einmaliger Verwendung zunächst verloren war, durch den Stoßspeer, einen kurzen Spieß. Da dieser nur im Nahkampf eingesetzt werden konnte, wurden die Kriege blutiger. Shaka entwickelte eine Umfassungstaktik, nach ihrer Form »Ochsenhorn« genannt, mit der die Zulu ihre Gegner bis auf den letzten Mann vernichteten. Sie nannten diese Kämpfe »Speere waschen«.

In jahrzehntelangen Expansionskriegen, dem sogenannten »Mfecane« (Vernichtung), vertrieben oder unterwarfen die Zulu alle Nachbarstämme. König Shaka fand schließlich das klassische Ende des Despoten – er wurde 1828 von seinem Halbbruder Dingaan ermordet. Dingaan übernahm die Macht.

Die Idee der Voortrekker, sich in Dingaans Reich niederzulassen, war tollkühn. Beide Seiten hatten detaillierte Kenntnis voneinander. Seit langer Zeit unterhielten sowohl Briten wie Buren Kontakt zu Dingaan, und die britischen Händler in Port Natal hatten Dingaans Oberherrschaft vertraglich anerkannt.

Dingaan gestattete einem anglikanischen Missionar namens Francis Owen, sich in seiner Hauptstadt Mgungundlovu niederzulassen. Dieser Brite wurde unfreiwillig eine

Der große Trek – Völkerwanderung in Afrika

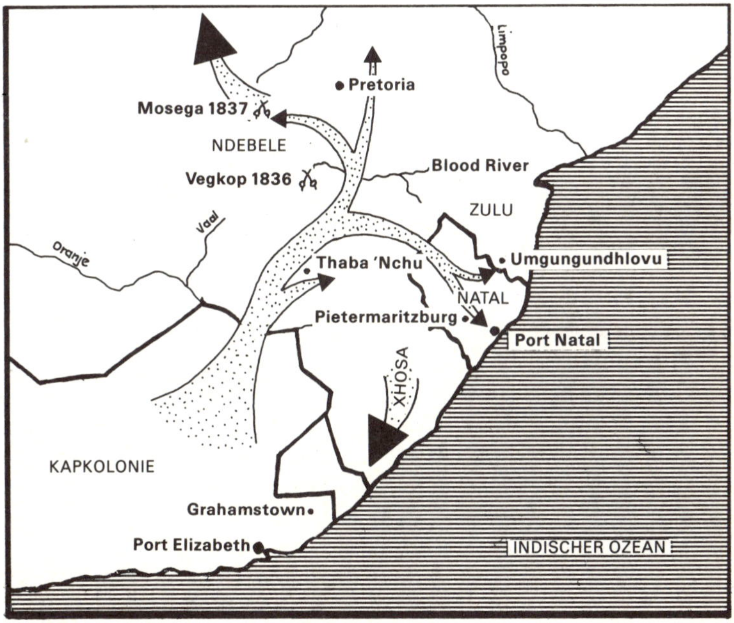

Art Privatsekretär des Zulukönigs. Außerdem empfing Dingaan regelmäßig Botschaften der britischen Kapregierung und unterhielt ein eigenes Nachrichtennetz, das ihn über die Vorgänge jenseits seiner Grenzen unterrichtete. Er wußte selbstverständlich, daß die Buren das Reich der Ndebele erobert und Häuptling Msilikatsi verjagt hatten. Als sich jetzt ein Trek von Hunderten burischer Ochsenwagen über die Gebirgskette der Drakensberge in sein Land wälzte, konnte er sich ausmalen, was ihm bevorstand.

Voortrekkerführer Piet Retief ging ganz direkt vor: Er teilte Dingaan in einem Brief mit, daß er und seine Leute beabsichtigten, sich in Natal niederzulassen. Darauf lud der Zulukönig den Burenführer zu Verhandlungen in seine Residenz ein.

Zulu – Häuptling Dingaan und sein Kraal: Massaker nach der Vertragsunterzeichnung

Dingaans Hauptkraal Mgungundlovu war eine ausgedehnte, ovalförmige Siedlung mit ringartig angelegten Straßen und konzentrisch ausgerichteten Hütten. In der Mitte des Ortes dehnte sich ein großer Exerzier- und Festplatz aus. Das Ganze war umgeben von einem mannshohen Palisadenwall. Außerhalb des Walles erhob sich der Richtplatz, ein mit Leichen bedeckter Hügel, über dem die Geier kreisten.

Dingaan hatte offenbar von Anfang an den Tod der Weißen beschlossen. Da er wußte, daß er sie nicht in offener Feldschlacht schlagen konnte, lockte er sie in die Falle. Er empfing Retief mit großem Pomp, angetan im roten Mantel seiner Königswürde, und ließ erkennen, daß er nicht abgeneigt sei, den Buren einen Teil des Landes abzutreten.

Nach diesen Vorverhandlungen kam Piet Retief einige Wochen später mit 70 Buren und 30 Hottentotten-Dienern abermals zu Dingaan, um einen förmlichen Vertrag zu schließen. Am 4. Februar 1838 setzte der Zulukönig sein Kreuz unter das Dokument. Darin übertrug er »Piet Retief und seinen Landsleuten den Port Natal genannten Ort sowie alles umliegende Land von der Küste bis zum Norden[6]«. Tags darauf wollten die Weißen abreisen. Aber Dingaan bat sie, noch zu bleiben und an einem Abschiedsfest teilzunehmen.

Das Fest fand am 6. Februar statt. Die Weißen mußten, wie es Sitte war, ihre Waffen und Pferde draußen vor den Wällen lassen. Auf dem

Festplatz zogen zwei Regimenter von Dingaans Kriegern einen Kreis um die Weißen und begannen im Takt der Trommeln zu tanzen. Die Trommeln wurden immer lauter, der Kreis immer enger. Auf ein Zeichen des Königs stürzten sich die Krieger auf die Gäste und schleppten sie zum Richtplatz, wo sie erschlagen wurden. Keiner der 71 Buren entkam dem Massaker. Auch 29 der 30 schwarzen Diener wurden ermordet.

Missionar Francis Owen, der außerhalb des Ortes wohnte, mußte die Schreckensszene ohnmächtig aus der Ferne miterleben: Dingaan ließ ihm am Morgen durch einen Boten mitteilen, er möge nicht erschrecken, »da er jetzt die Buren töten werde«. In seinem Tagebuch[7] fährt Owen fort:

»Die Nachricht traf mich und alle Familienmitglieder wie ein Donnerschlag. Als Grund für diese verräterische Tat gab er (Dingaan) an, daß die Buren seinen Tod planten, und daß er ihre Pläne aufgedeckt habe. Der Bote wartete ungeduldig auf eine Antwort. Aber was sollte ich sagen? Ich konnte den Verrat nicht rechtfertigen, und ich konnte mich und meine Familie nicht möglicher Gefahr aussetzen, indem ich die Partei der Buren ergriff. Aber ich wurde dem Dilemma durch den Anblick eines schrecklichen Schauspiels enthoben. ›Dort!‹ sagte jemand, ›jetzt töten sie die Buren!‹ Ich wandte mich um und erblickte eine riesige Menschenmenge auf dem Hügel, wo die Hinrichtungen stattfanden. Jeweils neun oder zehn Zulu schleppten ihre hilflosen, unbewaffneten Opfer auf den entsetzlichen Platz. Ich warf mich zu Boden. Meine Frau und meine Tochter waren nicht weniger erschüttert. Wir trösteten uns gegenseitig.«

Mit Mühe konnte der Missionar den Zulukönig einige Tage später überreden, ihn ziehen zu lassen. Er fürchtete nun auch um sein Leben, denn Dingaan begnügte sich nicht mit der Ermordung Retiefs und seiner 70 Kameraden. Seine Regimenter fegten wie ein Sturm über das ganze Land und machten alle Weißen, einschließlich der Frauen und Kinder, nieder, die ihnen in den Weg kamen. Auch der Voortrekkerführer Piet Uys, einer der Organisatoren des Großen Treks, fiel samt seinem 14jährigen Sohn im Kampf. Dingaans Truppen stürmten bis Port Natal vor und brannten die Siedlung nieder. Die weißen Bewohner, einige 30 Engländer und Buren, konnten sich in letzter Minute an Bord eines Schiffes retten, das im Hafen lag.

Das ganze Natal-Unternehmen der Voortrekker schien zum Scheitern verurteilt, als schließlich auch noch Gert Maritz starb, der Präsident des ersten »Volksrats«. In dieser Situa-

tion tauchte der Mann auf, der zum Vater des Burenstaates wurde: Andries Pretorius.
Pretorius, damals 40 Jahre alt, war ein erfahrener Kommandoführer aus dem Grenzdistrikt der Kapkolonie. Er hatte an den Kämpfen gegen Msilikatsi teilgenommen, war dann aber nach Hause zurückgekehrt. Jetzt baten ihn die überlebenden Voortrekker, nach Natal zu kommen und nach dem Tode von Retief, Uys und Maritz die Führung zu übernehmen. Pretorius sagte zu. Im November traf er in Natal ein, entschlossen, Dingaan zu vernichten.
Die Rache der Buren war fürchterlich. Zehn Monate nach dem Massaker von Mgungundlovu zog Pretorius mit 460 ausgewählten Männern, einem Troß von 75 Ochsenwagen voll Pulver und Blei, zwei Kanonen und einer Hilfsarmee abtrünniger Zulu gegen Dingaans Hauptstadt.
Dingaan bot seine gesamte Streitmacht gegen die Weißen auf. Er setzte alles auf eine Karte und wagte einen Sturm auf das Lager der Buren. Pretorius hatte die Wagenburg am Ufer eines Flusses namens Ncome errichtet, so daß er wenigstens im Rücken gedeckt war. Der Legende zufolge gelobten die Buren, eine Kirche zu bauen, wenn Gott ihnen den Sieg schenke.
Am Morgen des 16. Dezember 1838 griffen die Zulu mit 12000 Mann an. Sie stürmten in geschlossenen Formationen gegen die Wagenburg. Hinter der Barrikade war die Feuerkraft eines Bataillons von Scharfschützen konzentriert. Pretorius ließ die Zulu so dicht herankommen, daß jeder Schuß traf. Welle auf Welle wurde niedergemäht. Die Kanonen besorgten den Rest. 3000 Tote blieben vor der Wagenburg liegen. Die Verluste der Buren: drei Verwundete.
Der Ncome-Fluß wurde in Blood River (Blutfluß) umbenannt, und die »Schlacht am Blood River« gilt seither als mystischer Höhepunkt des Großen Treks, als Wendepunkt in höchster Not und göttliche Bestätigung der »Sendung«: das Leuthen der burischen Geschichte.
»Das Gelöbnis vom Blood River«, schreibt der südafrikanische Historiker van Jaarsveld, »reflektierte das alttestamentarische Bild, das sie von sich selbst inmitten der Eingeborenen hatten. Die Überzeugung, ein auserwähltes Volk zu sein, wuchs stark. Sie begannen, ihre selbsterlebte Geschichte als ›heilig‹ zu empfinden[8].«
Seither begehen die Afrikaaner den 16. Dezember als nationalen Feiertag (»Dingaans-Tag«) und pflegen jedes Jahr aufs neue die Legende von der kleinen Schar tapferer Siedler, die ihre Wagenburg gegen zwanzigfache Übermacht verteidi-

Die Schlacht am Blood-River: Heldenepos der burischen Geschichte

gen. Daß die Helden Landräuber waren und daß sie ihren Sieg nur den besseren Waffen verdankten, davon hat der burische Rassenchauvinismus nie Kenntnis genommen.

Nach dem Schlachtfest am Blood River setzte Pretorius seinen Marsch fort. Aber die Genugtuung, Dingaans Hauptstadt niederzubrennen, blieb ihm versagt: Der König hatte das selbst getan. Pretorius fand nur noch rauchende Trümmer vor – und das Skelett seines Freundes Retief auf dem Richtplatz. In einem Lederbeutel steckte noch immer der »Vertrag« mit Dingaan. Der Zulukönig hatte das Papier nicht angetastet – so wenig Bedeutung maß er ihm bei.

Pretorius wollte nun auch keinen Vertrag mehr. Er wollte die bedingungslose Kapitulation. Als der Zulukönig zwei Parlamentäre, hohe Würdenträger, mit Friedensangeboten in das Burenlager schickte, ließ Pretorius sie erschießen. Dingaan schließlich gab auf und floh mit den Resten seiner Getreuen. Er wurde später im Exil in Swasiland von einem Schwarzen ermordet.

Endlich waren die Voortrekker am Ziel. Am 14. Februar 1840 proklamierte Pretorius in einem Lager am Black River unter dem Salut von 21 Kanonenschüssen die erste Burenrepublik. Das Manifest im Stil altspanischer Konquistadoren ist lesenswert:

»Ich, Andries Wilhelmus Pretorius, Generalkommandant aller Bürger des Ehrenwerten Volksrats der Südafrikanischen Gemeinschaft von Port Natal, und Oberkommandierender der mir unterstellten Armee, verkünde hiermit: Da der Volksrat der Südafrikanischen Gemeinschaft infolge eines unprovozierten Krieges, den der Zulukönig begann, genötigt war, 122600 Rix-Dollar für Pferde und Wagenmiete sowie andere Kriegskosten auszugeben, und da ferner der Zulukönig sein Gebiet verlassen hat, ergreife ich hiermit im Namen des Volksrats der Südafrikanischen Gemeinschaft Besitz von allem Land zwischen dem Tugala- und dem Umvaloos-Fluß sowie von der gesamten Küste und allen Häfen, die schon entdeckt sind oder in Zukunft entdeckt werden . . .[9]«

Es dauerte eine Weile, bis die Nachricht nach London drang. Im Colonial Office hob man die Augenbrauen. Die Regierung Ihrer Majestät konnte nicht dulden, daß entlaufene britische Untertanen im Interessengebiet der Krone sogenannte Republiken gründeten und Unruhe unter den Eingeborenen stifteten.

5 Das verlorene Paradies

Nachdem die Voortrekker den Zulu das Gebiet von Natal[1] entrissen hatten, verwirklichten sie ihren Traum und errichteten ihren ersten eigenen Staat, die »Republik Natalia«. Sie gaben sich eine Fahne – es waren die Farben Hollands, denn noch immer fühlten sich die Afrikaaner der Heimat ihrer Vorväter verbunden – und sie gründeten eine Hauptstadt, 70 Kilometer von Port Natal landeinwärts gelegen. Sie wurde zu Ehren von Piet Retief und Gert Maritz, der toten Voortrekkerführer, Pietermaritzburg getauft.

Ein ehemaliger Verwaltungsbeamter aus der Kapkolonie, Jacobus Boshof, entwarf die Verfassung der Voortrekker-Republik. Sie war, wie schon ihre Vorläuferin von den »Vereinigten Lagern« bei Thaba Nchu, streng demokratisch. Höchstes Staatsorgan war der aus 24 Mitgliedern bestehende Volksrat. Er wählte jedes Vierteljahr einen neuen Exekutivrat mit einem Präsidenten als Staatsoberhaupt. Damit dem Generalkommandanten Pretorius die Macht nicht zu Kopf stieg, durfte er dem Volksrat nicht angehören.

Die Voortrekker betrachteten ihre Republik als geschlossene Gesellschaft. Nur Buren, das heißt »Holländisch-Südafrikaner, die in der Kapkolonie geboren sind«, galten als Vollbürger. Andere Weiße konnten das Bürgerrecht beantragen, wenn sie ein Jahr im Lande gelebt und sich »ordentlich geführt« hatten. Nur Bürger durften Land und Häuser besitzen. »Wer das Land ohne Sondererlaubnis für mehr als zwölf Monate verläßt, wird nicht länger als Bürger betrachtet, und sein Eigentum wird öffentlich versteigert[2].«

Die Bürger maßen sich selbst reichlich Eigentum zu. Jeder hatte Anspruch auf eine Farm von 3000 holländischen Morgen (2580 Hektar). Die Veteranen des großen Treks, die vor 1840 ins Land gekommen waren, erhielten sogar zwei Farmen dieser Standardgröße. Insgesamt besaßen im Jahre 1842 etwa 6000 Weiße ein Gebiet von der Ausdeh-

nung Baden-Württembergs.
Es war das goldene Zeitalter der Buren. Der französische Reiseschriftsteller Adolphe Delegorgue hat es 1847 nach mehrjährigem Aufenthalt in Natal anschaulich beschrieben: »Das gemeinsame Lebensideal dieser holländischen Südafrikaner besteht darin, sich die Zeit mit häufigen Fleischmahlzeiten zu vertreiben, jede Stunde ihren Kaffee zu schlürfen, eine Frau zu haben, die ihnen die eintönigen Abende verschönt, sich täglich am Anblick der riesigen Herden zu erfreuen, die vor Fett glänzen und in verschiedenen Farben auf den grünen Weiden leuchten, und ab und zu auf die Jagd zu gehen, eine Beschäftigung, die zugleich nützlich und erfrischend für die Glieder ist – all dies ist ihr Inbegriff von Behagen. Sie nennen es ›Lekker Leven‹ (gutes Leben)[3].«
Die Voortrekker-Republik, so kurzlebig sie auch war, ist indessen aus einem anderen Grunde bemerkenswert: Damals und dort praktizierten die Afrikaaner zum erstenmal die Grundsätze der Apartheid, wenngleich sie das Wort noch nicht erfunden hatten.
Die Voortrekker hatten aus der Kapkolonie ihre farbige Dienerschaft mitgebracht, alles in allem etwa ebenso viele Menschen wie sie selbst. Zusätzlich holten sie sich durch Kommando-Unternehmen schwarze Kinder von den benachbarten Stämmen. Delegorgue, der die Buren auf ihren Kriegszügen begleitete, schreibt:
»Viele Farmer betrachteten den Krieg, den wir gegen die Zulu führten, einfach als Jagdexpedition. War es nicht erlaubt, drei oder vier Kaffernjungen oder -mädchen mitzubringen, die ihren Familien mit Gewalt entrissen worden waren und die allgemein als ›Lehrlinge‹ bezeichnet wurden, um den Eindruck der Sklaverei zu vertuschen? Diese Kinder waren für Hausdienste bestimmt. Aber die Farmer wiederholten unaufhörlich, als schämten sie sich ihrer Schwäche: ›Wenn es nach mir ginge, wollte ich sie gar nicht haben. Aber was würde meine Frau sagen, wenn ich ihr keine mitbrächte? Es ist doch so schwer, Diener in Natal zu finden[4].‹«
Die Buren hatten jedoch nicht nur das schon von John Philip beklagte Übel der Kindersklaverei mit nach Natal geschleppt. Sie führten in ihrer neugegründeten Republik auch sogleich wieder die in der Kapkolonie aufgehobenen »Hottentottengesetze« ein. Jeder angestellte Eingeborene mußte eine Erkennungsmarke am Hals tragen: Auf einer Seite war der Name des Trägers, auf

Andries Pretorius, Bezwinger der Zulu und Gründer der ersten Burenrepublik

der anderen der Name seines Herrn graviert. Ein Schwarzer, der weiter als zwei Wegstunden zu Pferde von seinem Arbeitsplatz angetroffen wurde, war als »Vagabund« zu betrachten und festzunehmen. Auf diese Weise waren die schwarzen Bediensteten, wie einst in der Kapkolonie, zu ewiger Knechtschaft verurteilt, wenngleich die Sklaverei offiziell abgeschafft war.

Nun lebten aber in der Republik Natalia nicht nur weiße »Bürger« und ihre farbigen Leibeigenen, sondern vor allem eingeborene schwarze Menschen – etwa zehnmal so viel wie weiße Einwanderer. Dieses Problem, durch das die Idealvorstellung einer »weißen« Republik erheblich beeinträchtigt wurde, wischten die Voortrekker mit einer Handbewegung aus der Welt: Am 2. August 1841 beschloß der Volksrat, die überschüssige eingeborene Bevölkerung zu deportieren. Wörtlich: »Für die Sicherheit dieser Gemeinschaft ist es unerläßlich, daß alle Kaffern, die jetzt zwischen uns leben, an einem getrennten Ort untergebracht werden[5].«

Als Umsiedlungsgebiet sah der Volksrat einen Landstrich im Süden der Republik vor. Dieses Gebiet sei »auf Grund seiner Ausdehnung und Fruchtbarkeit und seines Reichtums an Holz und Wasser gut geeignet für eine große Kaffernnation«. Dort könnten sie leben, »solange sie sich ordentlich betragen, die Oberhoheit dieser Gemeinschaft anerkennen und sich ihren Gesetzen und Verordnungen unterwerfen[6]«.

Der Generalkommandant wurde beauftragt, »sobald wie möglich Maßnahmen zu ergreifen, um alle Kaffern, die als gefährlich für die Sicherheit des Landes betrachtet werden, entweder freiwillig, oder im Fall der Weigerung, mit Gewalt in das erwähnte Gebiet zu verbringen[7]«.

Es war das erstemal, daß der Grundgedanke der Apartheid – die künstliche Schaffung eines »weißen« Staates durch Entfernung der schwarzen Einwohner – in eine politische Maßnahme umgesetzt wurde. Doch ehe die Massendeportation durchgeführt werden konnte, griff England ein.

Bis dahin hatte die britische Regierung dem Exodus der Buren aus der Kapkolonie zwar mißbilligend, aber untätig zugesehen. Sie hatte auch kein Interesse an der Erwerbung des Gebietes von Natal gezeigt. Als die britischen Händler schon vor der Ankunft der Buren Port Natal in Durban umtauften (zu Ehren von Sir Benjamin D'Urban, des amtierenden Gouverneurs der Kapkolonie), reagierten weder London noch D'Urban selbst.

Nachdem die Buren aber die Zulu aus Natal vertrieben und eine eigene

Republik ausgerufen hatten, änderte London seine Haltung. Die Staatsgründung im Vorfeld der Kapkolonie drohte zu einem ständigen Unruheherd zu werden. Ohnehin hatten sich die Eingeborenen des Grenzgebietes bereits bei den Briten über Kommandoaktionen der Buren beschwert und um englischen Schutz ersucht. Jetzt schuf der Deportationsbeschluß des Volksrats neue Konflikte. Denn auch das in Aussicht genommene Deportationsgebiet war natürlich besiedelt, und die Umsiedlung der »Kaffern« aus Natal hätte die Vertreibung der dortigen Stämme bedeutet.

In einer geharnischten Note teilte Sir George Thomas Napier, der neue Gouverneur der Kapkolonie, den Buren in Natal mit, daß Großbritannien die geplante Vertreibung der »Kaffern, die lange vor den Farmer-Auswanderern in Natal siedelten«, als ein »ungerechtes und illegales Vorgehen« betrachte[8]. Im übrigen seien die Buren nach wie vor britische Untertanen, auch wenn sie die Kolonie verlassen hätten.

»Ich verkünde hiermit, daß die Auswanderer kein Recht haben, ihre Anerkennung als unabhängiger Staat oder Volk zu verlangen, daß Ihre Majestät sie nicht als solche anerkennen wird; und daß sie nicht zulassen wird, daß ein Teil ihrer Untertanen einen unabhängigen Staat innerhalb besagter Territorien gründet[9].«

Die Voortrekker antworteten ungerührt, daß die britische Königin ihnen überhaupt nichts mehr befehlen könne: »Wir sind geborene niederländische Südafrikaner. Nachdem wir unsere Unabhängigkeit erklärt haben, sind wir keine britischen Untertanen mehr. Wir haben das Land, in dem wir leben, legal erworben. Es war nie eine britische Provinz oder Kolonie[10].«

Was die Umsiedlung der Kaffern angehe, so sei dieser Beschluß durch »Motive von wahrer Humanität« bestimmt, denn »wir wollen damit

Sir Benjamin D'Urban, Gouverneur der Kapkolonie

Feindschaft und Blutvergießen vermeiden, die unweigerlich entstehen, wenn wir Zulu und anderen Eingeborenen erlauben, ihre alten Wohnsitze aufzugeben und sich zu Tausenden unter uns niederzulassen[11].«

In tiefer kalvinistischer Selbstgerechtigkeit schließt die Antwortnote des Volksrats an Sir George Napier: »So scheint uns denn der Wille der Vorsehung nur zwei Möglichkeiten der Wahl zu lassen, nämlich uns wie Lasttiere zu beugen und die uns auferlegte Last willig zu tragen, bis wir sie zu schwer finden und abermals auswandern, alles zurücklassend, was wir auf der Welt besitzen. Oder aber die Waffe in die Faust zu nehmen, um unser Recht, unser Eigentum, selbst unsere Existenz gegen unsere Unterdrücker zu verteidigen, und, sollten wir fallen, dem irdischen Elend zu entfliehen[12].«

So kam es zum ersten Krieg zwischen Buren und Briten. Es war eine belanglose militärische Operation mit operettenhaften Zügen, doch für die Afrikaaner stellte der Feldzug eine traumatische Erfahrung dar, denn er endete mit der Zerstörung ihrer ersten Republik.

Kapstadt schickte zunächst eine kleine Truppe von knapp 300 Mann nach Natal. Ein paar Wochen lagen sich Buren und Rotjacken tatenlos gegenüber. Als dann die Engländer das Burenlager in einem nächtlichen Überraschungsangriff nehmen wollten, erlitten sie eine empfindliche Schlappe. Sie hatten 17 Tote, verloren ihre Kanone und wurden nach ihrer Flucht in ihrem eigenen Lager eingeschlossen.

Doch es gelang den Buren nicht, die Rotjacken zu bezwingen. Nach fünfwöchiger Belagerung wurden die halbverhungerten Engländer durch die britische Fregatte »Southampton« ersetzt. Frische Truppen gingen an Land, und diesmal brach der Widerstand der Buren rasch zusammen. Vom Kampf bis zur letzten Patrone war nicht mehr die Rede. Generalkommandant Pretorius kapitulierte am 15. Juli 1842.

Vergebens hatten die Buren auf die Hilfe Hollands gehofft, denn in ihrer Vorstellung lebte noch immer das mächtige niederländische Imperium des 18. Jahrhunderts. Diese anachronistische Hoffnung war durch einen Holländer namens Smellekamp genährt worden. Er war mit einem niederländischen Schiff nach Natal gekommen, um den Handel mit der neugegründeten Burenrepublik zu eröffnen. Dabei hatte er den ahnungslosen Afrikaanern weisgemacht, das alte Mutterland werde ihnen gegen England beistehen.

Als später der erste britische Hochkommissar für Natal, Henry Cloete, dem Volksrat erklärte, daß es nur

Durban, das einstige Port Natal, ist heute der wichtigste Hafen und die drittgrößte Stadt Südafrikas

fünf Großmächte gebe, nämlich England, Frankreich, Rußland, Österreich und Preußen, und daß Holland längst auf den Rang einer »drittklassigen« Macht abgesunken und obendrein durch die Abspaltung Belgiens um die Hälfte kleiner geworden sei, erwiderten die Volksratmitglieder betroffen: »Das hat uns noch niemand gesagt[13]!«

England bot den Buren einen ehrenvollen Frieden an. Es beließ ihnen die Waffen und gewährte ihnen die Autonomie unter britischer Oberhoheit – vorausgesetzt, sie akzeptierten folgende drei Bedingungen:

»1. Vor dem Gesetz gibt es keinen Unterschied und keine Benachteiligung auf Grund der Hautfarbe, der Herkunft, der Sprache oder des Glaubens.«

»2. Gegen die Eingeborenen, die außerhalb der Kapkolonie leben, werden keine Aggressionen, unter welchem Vorwand und von wem auch immer, geduldet.«

»3. Sklaverei, in welcher Form und in welcher Abart auch immer, ist ungesetzlich[14].«

Die drei Punkte bildeten den Kern des ganzen Konflikts zwischen Briten und Buren. Beide Seiten wußten es. Drei Tage beriet der Volksrat in Pietermaritzburg. Aus dem Hochveld jenseits der Grenze war der Burenführer Jan Mocke mit einem starken Kommando gekommen, um die Nataler Buren zum Widerstand zu ermuntern.

Der britische Hochkommissar Cloete befand sich ebenfalls in der Stadt – ohne Eskorte. Die radikale Fraktion des Volksrats drängte ihn, wenigstens die erste Bedingung, die Forderung nach Gleichberechtigung der Rassen, fallenzulassen. Aber der Engländer blieb hart.

Schließlich war es Pretorius selbst, der zur Annahme der Erklärung riet. Am 8. August 1843 unterzeichneten alle 24 Mitglieder des Volksrats die Unterwerfung. Es war nicht nur das Ende der Republik Natalia, sondern auch das Ende der burischen Siedlung in diesem Teil Südafrikas.

Die meisten Buren empfanden das Diktat der Briten als schändliche Demütigung. Ihr Traum vom eigenen Staat war schon nach drei Jahren zerstört. England, der altböse Feind, den sie durch die Auswanderung aus der Kapkolonie abschütteln wollten, hatte sie eingeholt. Aber sie dachten nicht daran, sich seinen Gesetzen zu beugen. Eine Gesellschaft, in der Kaffern und Afrikaaner vor dem Gesetz gleich waren, eine Gesellschaft ohne weißes Herrenrecht, war für sie nicht nur unannehmbar, sondern undenkbar.

Mit jener Hartnäckigkeit, der auch ihre ärgsten Feinde Respekt zollten, packten die Buren abermals ihr Hab und Gut ein, trieben ihr Vieh und ihre schwarzen Sklaven zusammen, spannten die Ochsen vor die Planwagen und treckten zurück nach Norden, in das karge Hochland jenseits der Drakensberge, aus dem sie vor Jahren herabgestiegen waren.

Von den 6000 Voortrekkern, die zur Zeit der britischen Besetzung in Natal siedelten, blieben nur wenige hundert. Den abziehenden Afrikaanern folgten britische Siedler. So wurde Natal der englischste Teil Südafrikas. 1856 erklärte London das Gebiet zur selbständigen Kronkolonie. Diesen Status behielt es bis zum Zusammenschluß Südafrikas zu einem britischen Dominium.

Heute ist Durban, das alte Port Natal, der größte Hafen Südafrikas und Pietermaritzburg noch immer Sitz der Provinzialverwaltung. Aber nirgendwo ist Südafrika weniger »burisch« als in der ersten Burenrepublik. Natal blieb das verlorene Paradies der Voortrekker. Sie ließen nichts zurück als ihre zerstörte Hoffnung und fingen noch einmal von vorn an.

Eröffnung des ersten Parlaments der Kapkolonie: Gleiches Wahlrecht für Schwarze und Weiße

VR

Buren auf der Jagd

6 Pretorius siegt am Sand River

Zur Zeit der Voortrekker-Republik Natalia schälten sich im Innern Südafrikas die Umrisse einer zweiten Burenrepublik heraus. Denn eine starke Gruppe von Auswanderern aus der Kapkolonie war nicht mit nach Natal gezogen, sondern hatte sich beiderseits des Vaal niedergelassen. Ihr Chef war Andries Potgieter, der den ersten großen Trek über den Oranje-Fluß geführt hatte.

Im Lauf der Jahre folgten den Voortrekkern mehr und mehr Buren aus der Kapkolonie, so daß allmählich über 10000 Siedler in »Transorangia« versammelt waren. Ihre Zentren waren die neugegründeten Orte Winburg, südlich des Vaal, und Potchefstroom (benannt nach Chef Potgieter), nördlich des Vaal. Nach dem Zusammenbruch Natals stießen auch die Buren aus dem Süden dazu. Doch ihre Hoffnung auf Wiedererrichtung der Republik erfüllte sich erst nach jahrelangen Wirren.

England folgte den Buren wie ihr eigener Schatten. Nach der Besetzung Natals annektierte es 1848 auch das ganze Gebiet zwischen Oranje und Vaal. Begründung: England wolle die Eingeborenen »vor künftigen Aggressionen schützen« und »jene Untertanen der Königin, die das Land ihrer Vorväter verlassen haben, unter die Gesetze und Befehle Ihrer Majestät stellen[1]«. Das Gebiet wurde »Orange River Sovereignty« (Herrschaftsgebiet Oranjefluß) genannt, eine provisorische Verwaltung unter einem Residenten in der Neugründung Bloemfontein eingerichtet.

Die Buren waren aufs äußerste erbittert. Andries Pretorius, der Bezwinger Dingaans und einstige Generalkommandant der Republik Natalia, organisierte den Widerstand. Er trommelte tausend Reiter in Winburg zusammen und zog zum zweitenmal gegen England zu Feld. Allerdings gab es unter den Buren eine Fraktion, die sich mit der Oberherrschaft Englands abgefunden hatte und die Erhebung für sinnlos hielt. Ihnen drohte Pretorius in einer Proklamation offen mit Repressalien:

»Wer sich dieser gerechten Sache für die Freiheit nicht anschließen will, muß den Oranjefluß bei Erhalt dieser Bekanntmachung (in Richtung Kapkolonie) überqueren, ohne irgendwelchen Grund und Boden zu verkaufen. Es ist niemandem erlaubt, neutral zu bleiben. Wer nicht mit uns ist, wird als Feind betrachtet. Jedermann, der sich dieser Maatschappij widersetzt, sei es mit Worten oder Taten, wird als Rebell betrachtet und kriegsrechtlich bestraft[2].«

Am 17. Juli 1848 erschien Pretorius mit seinen Reitern in Bloemfontein. Er gab dem britischen Residenten, Major Warden, eine Stunde Bedenkzeit für die Übergabe. Die Truppe des Majors war 57 Mann stark. Er kapitulierte. Pretorius gewährte ihm freien Abzug.

Nachdem Pretorius die Briten vertrieben hatte, versuchte er mit dem Gouverneur und Hochkommissar für Britisch-Südafrika, Sir Harry Smith, Verhandlungen aufzunehmen. Er schickte ihm eine lange Note, die in dem Satz gipfelte: »Sie werden uns nicht besser machen, indem Sie uns weiter und weiter in die Wildnis treiben. Sie werden niemals, weder durch Versprechungen noch durch Drohungen, diese Demütigungen (der Vergangenheit) aus der Erinnerung der Afrikaaner-Buren tilgen können[3].«

Sir Harry, ein alter Haudegen, würdigte Pretorius keiner Antwort. Statt dessen erließ er einen Steckbrief gegen den Burenführer und setzte tausend Pfund Sterling auf seinen Kopf aus. Dann übernahm er persönlich das Kommando zur Niederschlagung der Rebellion.

Er setzte sich an die Spitze einer 800 Mann starken Truppe, darunter mehrere Kompanien der farbigen »Cape Mounted Riflemen«, und marschierte auf Bloemfontein. Aber auch burische Freiwillige schlossen sich den Briten an. Es waren jene Farmer, die von Pretorius als »Verräter« verjagt worden waren und ihr konfisziertes Land zurückholen wollten. Zum erstenmal trat die Spaltung im Lager der Buren offen zutage.

Sir Harry hielt es nicht für denkbar, daß mitten in Afrika ein Weißer es wagen würde, auf den Vertreter der britischen Krone zu schießen. Aber er irrte sich. Pretorius legte den Engländern einen Hinterhalt, und Sir Harry entging knapp dem Tode. Darauf ließ er seine Feldartillerie auffahren. Pretorius wurde abermals geschlagen. Er entkam über den Vaal, und mit ihm der größte Teil seiner Reiterarmee. Sir Harry ließ alles Eigentum der »Rebellen« konfiszieren und erhöhte die Kopfprämie für Pretorius auf 2000 Pfund.

Doch dann verschaffte ein Umschwung in der britischen Politik

den Buren eine Atempause. In London setzten sich die Liberalen gegen die Expansionisten durch. Sie hatten genug von den ewigen Querelen mit den weißen Nomaden in Südafrika. Sollten die Buren ihre erbärmliche Steppe behalten und mit »ihren« Kaffern machen, was sie wollten. England konnte sie schließlich nicht durch ganz Afrika verfolgen.
1852 garantierte die britische Regierung den Buren in Transvaal (jenseits des Vaal) die Unabhängigkeit. Pretorius hatte doch noch gesiegt. Sir Harry Smith mußte den Steckbrief löschen, damit der burische Generalkommandant den Unabhängigkeitsvertrag unterschreiben konnte. Die formlose Zeremonie, zu der der britische Gouverneur zwei subalterne Beamte delegierte, fand auf einer Farm am Sand River statt. Andries Pretorius erschien vorsichtshalber in Begleitung von 300 bewaffneten Reitern. Es war der Höhepunkt seines Lebens. Ein Jahr später starb der Voortrekker-Führer – entgegen aller Erwartung im Bett, an der Wassersucht.

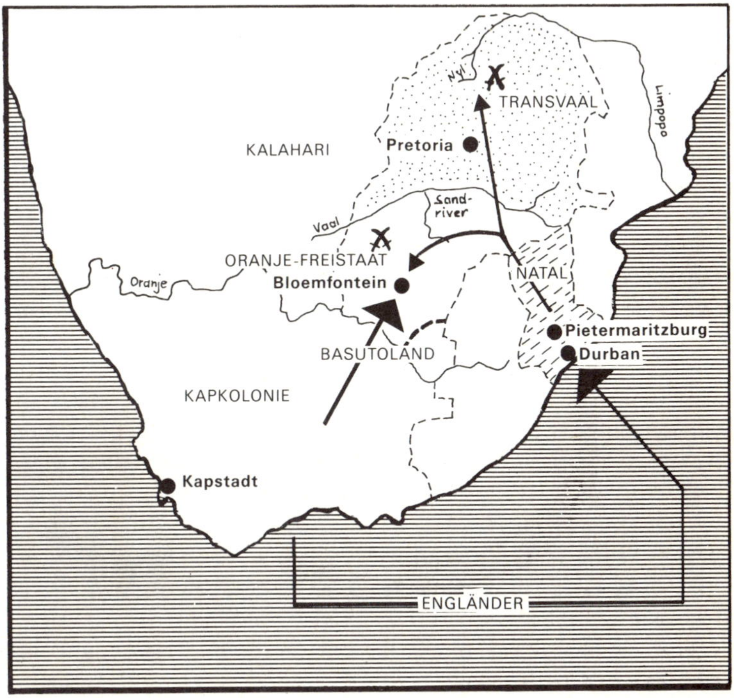

Entstehung der Burenrepubliken

Zwei Jahre nachdem Transvaal unabhängig geworden war, zog sich England auch aus der »Orange River Sovereignty« zurück. Das Gebiet verwandelte sich in den unabhängigen Oranje-Freistaat mit der Hauptstadt Bloemfontein.

Damit waren die Buren nun endlich am Ziel. Sie hatten das britische Joch abgeschüttelt und besaßen zwei souveräne Republiken. Doch der Zusammenschluß der beiden Staaten gelang ihnen nie. Ihre Eigenbrötelei, Folge der generationenlangen Isolierung, war stärker als politische Einsicht. Auch beim inneren Aufbau ihrer Republiken hatten sie beträchtliche Schwierigkeiten. Nach jahrzehntelangem Nomadenleben konnten sie sich nur schwer an eine zentrale Regierungsgewalt gewöhnen, auch wenn es ihre eigene war. Es dauerte lange, bis aus den amorphen »Maatschappijs« des Großen Treks wirkliche Staatswesen wurden.

In Transvaal hatten sich die intransigentesten Buren niedergelassen. Sie beanspruchten die politische und geistige Führung des ganzen Afrikaaner-Volkes. Aber als Pretorius 1852 die »Sand River Convention«, den Unabhängigkeitsvertrag mit England, unterschrieb, besaß Transvaal nicht einmal eine Regierung. Statt dessen gab es vier Generalkommandanten, die sich gegenseitig befehdeten, und nach dem Tode der Voortrekkerführer Pretorius und Potgieter – sie starben im gleichen Jahr – zerfiel das ganze Gebilde in drei rivalisierende »Republiken«, die sich erst 1860 wieder zusammenschlossen.

Dennoch wurde Transvaal schließlich die Kernzelle der heutigen Republik Südafrika, das Preußen der Buren. Schon 1858 nannte sich der junge Staat offiziell »Südafrikanische Republik«, eine Bezeichnung, die jede territoriale Erweiterung zuließ und den Führungsanspruch Transvaals unterstrich. Der Wappenspruch der Republik lautete »Eendragt maakt Magt« (Eintracht macht Macht), ihre Fahne, der »Vierkleur«, zeigte die Farben Hollands mit einem senkrechten grünen Feld am linken Rand. Diese Flagge wurde zum politischen Feldzeichen des großburischen Afrikaanertums.

Erster Präsident der Südafrikanischen Republik wurde Marthinus Pretorius, der Sohn des Voortrekkerführers. Er gründete eine neue Hauptstadt 100 Kilometer nördlich des Vaal und nannte sie nach seinem Vater Pretoria. Dort verabschiedete der Volksrat 1858 die Verfassung der Südafrikanischen Republik.

Diese Verfassung ist vor allem deshalb bemerkenswert, weil sie die Ungleichheit der Rassen ausdrücklich festschrieb. Nicht einmal die Hottentotten und Mischlinge, die

die Buren nun schon seit Generationen als Haussklaven begleiteten, erhielten irgendwelche Bürgerrechte. Artikel 9 lautete: »Das Volk wünscht, daß keine Gleichheit zwischen farbigen Menschen und weißen Einwohnern gestattet wird, weder in der Kirche noch im Staat[5].«
Mit Kirche war die Niederdeutsch-Reformierte Kirche gemeint, die kalvinistische Staatskirche der Buren. Ausdrücklich wurde festgelegt, daß nur Angehörige dieses Bekenntnisses Mitglieder des Volksrats sein dürften. Katholiken waren selbst vom Wohnrecht in der Südafrikanischen Republik ausgeschlossen. Somit war Gewähr gegeben, daß die subversive Lehre von der Gleichheit der Rassen nicht durch die christliche Hintertür eingeschleppt wurde.
Zur Zeit der Staatsgründung lebten in Transvaal, einem Gebiet von der Größe der Bundesrepublik, rund 25000 Weiße und etwa zehnmal soviel Schwarze. Trotz dieser abenteuerlich dünnen Verteilung machten sich die Buren unverdrossen daran, ihre altvertraute Sklavenordnung wieder zu errichten. Es war die einzige Gesellschaftsform, die sie jemals entwickelten. Aber sie war nun noch anachronistischer als zur Zeit des Großen Treks. Die Ideen der demokratischen Revolution, die Thesen von der Gleichheit aller vor dem Gesetz, waren im aufgeklärten Bürgertum Europas Allgemeingut geworden. Die ersten Gewerkschaftsbewegungen formierten sich, die Theorien der Sozialisten wurden schon diskutiert.
Um so grotesker mußte den englischen Missionaren, die in der Mitte des 19. Jahrhunderts ins Innere Afrikas vorstießen, das Sklavensystem in den neuen Burenstaaten erscheinen. Der prominenteste dieser Missionare war Dr. David Livingstone, der Entdecker der Victoriafälle am Sambesi und berühmteste Afrikaforscher seiner Zeit. Er lebte Anfang der fünfziger Jahre im westlichen Grenzgebiet Transvaals unter den Eingeborenen.
»Was die Buren mit ›ordentlicher Behandlung der Schwarzen‹ meinen«, schrieb Livingstone, »enthält immer das essentielle Element der Sklaverei, nämlich unbezahlte Zwangsarbeit. Die Stämme, die noch den Schein der Unabhängigkeit besitzen, müssen die ganze Feldarbeit (für die Buren) machen, das Land bestellen, Dämme und Kanäle bauen und sich gleichzeitig selbst ernähren. Ich habe gesehen, wie Buren in ein Dorf kamen und wie üblich zwanzig bis dreißig Frauen anforderten, um das Unkraut in ihren Gärten zu jäten. Die Buren bemühen sich gar nicht, die Niederträchtigkeit der unbezahlten Arbeit zu verbergen. Sie sagen: ›Als Gegenleistung erlauben wir ihnen,

Afrikaforscher David Livingstone

in unserem Land zu leben[6].‹«

Den Bedarf an ständigen Haussklaven, die »ingeboekt« (verbucht) wurden und sich damit praktisch in Leibeigene verwandelten, deckten die Buren, wie schon in Natal, durch regelrechte Menschenjagden – wohlgemerkt in der Mitte des 19. Jahrhunderts.

»Der Plan läuft folgendermaßen ab«, schrieb Livingstone: »Ein oder zwei unterworfene Stämme werden gezwungen, eine Abteilung berittener Buren zu begleiten. Wenn der Stamm, der angegriffen werden soll, erreicht ist, müssen sich die mitgebrachten Eingeborenen als ›Schutzschild‹ aufstellen. Die Buren feuern dann kaltblütig über ihre Köpfe hinweg, so daß die anderen fliehen und Vieh, Weiber und Kinder den Jägern überlassen. Dies ist neunmal während meines Aufenthaltes im Innern geschehen, und nie wurde

ein Tropfen burischen Blutes vergossen.«
Der Raub von »Kaffernkindern« nahm in beiden Republiken derartigen Umfang an, daß sich der Volksrat des Oranje-Freistaates gezwungen sah, eine Untersuchungskommission einzusetzen. Vier von den fünf Mitgliedern der Kommission weigerten sich freilich, einen Bericht vorzulegen, und einer der vier brachte sogar selbst zwei »Kaffernkinder« von der Recherchenreise mit nach Hause.
Das fünfte Mitglied der Kommission war der Landdrost (Bezirksvorsteher) von Winburg, Joseph Orpen, einer der wenigen Buren, die die Schändlichkeit des Systems empfanden. Er kämpfte leidenschaftlich gegen den Menschenraub und befreite persönlich verschleppte Kinder. Im Lager eines Kommandos entdeckte er eines Morgens, wie eine Gruppe von einem Raubzug zurückkehrte:
»Jeder Mann hatte ein oder zwei Kinder auf seinem Pferd, eins vor und eins hinter sich. Die Mütter liefen klagend neben den Pferden her. Ich forderte General Botha auf, den Männern zu befehlen, daß sie die Kinder den Müttern zurückgeben. Aber er sagte nur milde: ›Leute, warum tut ihr denn so was, ihr wißt doch, was der Präsident gesagt hat.‹ Damit wandte er sich ab[7].«
Erst als der Landdrost erklärte, er werde sich mit jedem einzelnen prügeln, gaben die Männer ihre Beute heraus.
Viele Kinder wurden aus Transvaal in den Oranje-Freistaat verkauft. Präsident Marthinus Pretorius mußte 1855 anordnen, daß »der Export von Kindern, unter welchem Vorwand auch immer, vom heutigen Tage an auf das entschiedenste untersagt ist[8]«.
Dennoch ging der Raub und der »Export« von Kindern so lange weiter, bis sich die britische Regierung damit beschäftigte. London drohte mit der Kündigung des Unabhängigkeitsvertrages, in dem sich die Buren verpflichtet hatten, die Sklaverei »weder zu dulden noch zu praktizieren[9].«
Wurde der Kinderhandel mit der Zeit auch eingedämmt, so blieben die Strafkommandos ein unerläßliches Instrumentarium der burischen Herrschaft. Eine der grausamsten »Vergeltungsaktionen« fand 1854 im Norden Transvaals statt. Dort war eine Gruppe burischer Großwildjäger mit ihren Frauen und Kindern – insgesamt 13 Menschen – von den Schwarzen ermordet worden, vermutlich nach einer Provokation des Stammes, in dessen Territorium sie sich aufhielten.
Mit einer Truppe von 400 Mann brach Hermanus Potgieter, ein Bruder des verstorbenen Generalkommandanten, zu einem Ver-

nichtungsfeldzug auf. Der ganze Stamm unter seinem Häuptling Makapan suchte vor den herannahenden Buren Zuflucht in einem riesigen Höhlensystem am Steilufer des Nyl-Flusses. Der Komplex erwies sich als uneinnehmbar. Potgieter wurde durch Schüsse aus dem Inneren der Höhle tödlich verwundet. An seiner Stelle übernahm ein junger »Feldkornett« namens Paul Krüger das Kommando, der spätere Präsident der Südafrikanischen Republik.

Krüger ließ die Ausgänge zu den Höhlen sperren, um den Stamm auszuhungern. Die Wachen erschossen jeden, ob Mann oder Frau, der aus der Höhle kroch, um sich zu ergeben. Nach 25 Tagen rührte sich nichts mehr. Ein Kommando drang in die Höhle ein und machte nieder, was noch Lebenszeichen von sich gab. Nach burischen Angaben wurden 900 Menschen außerhalb der Höhle erschossen, doppelt so viele kamen im Innern ums Leben. Der Stamm des Häuptlings Makapan war ausgelöscht.

Parallel zur Unterwerfung der Eingeborenen im Innern verfolgten die Buren eine expansionistische Politik nach außen. Der Oranje-Freistaat versuchte, sein Territorium auf Kosten des schwarzen Fürstentums Basuto (heute Lesotho) zu erweitern, und führte seinen ersten regulären Krieg gegen den Basuto-Häuptling Moshesh.

Moshesh war kein »Wilder« wie Zulukönig Dingaan, sondern einer der fähigsten schwarzen Politiker seiner Zeit. Er ließ seine jungen Leute Landwirtschaft in der Kapkolonie studieren, holte englische und französische Missionare ins Land, führte das Pferd als Transportmittel ein und rüstete seine Truppen mit Feuerwaffen aus. Die Residenz seines Berglandes, Thaba Bosigo, lag auf einem unzugänglichen Felsplateau und wurde nie erobert.

Moshesh hatte mehrere britische Annexionsversuche erfolgreich abgewehrt, als ihm der Oranje-Freistaat 1865 nach zahllosen Grenzstreitigkeiten den Krieg erklärte. In einem langwierigen Feldzug gelangten die Buren zum Fuß von Mosheshs Bergfeste. Obwohl sie die Belagerung nach einem vergeblichen Sturm abbrechen mußten, weil viele Farmer einfach die Truppe verließen und nach Hause zurückkehrten, mußte Moshesh einen demütigenden Friedensvertrag unterschreiben, in dem er über die Hälfte seines Gebietes an den Oranje-Freistaat abtrat.

Doch Moshesh gab sich noch nicht geschlagen. Er schickte Guerillakommandos in das abgetretene Gebiet und verleidete den Buren die Freude an der Eroberung. Als der Oranje-Freistaat zu einem neuen

Pretoria, Hauptstadt von Transvaal: Ochsenwagen auf dem Kirchplatz

Feldzug aufbrach, bat Moshesh, inzwischen 80 Jahre alt, Großbritannien um Schutz.
England rettete den alten König und sein Land. Auf Anweisung Londons unterband der britische Hochkommissar in Kapstadt den Munitionsnachschub für den Oranje-Freistaat, erklärte Basutoland zum britischen Protektorat und schickte eine Abteilung Reiterei auf Mosheshs Bergfeste.
Den Oranje-Freistaat zwang England in einem neuen Grenzvertrag, einen großen Teil seiner Eroberungen wieder herauszurücken. So kam es, daß Basutoland die Stürme der folgenden hundert Jahre unversehrt überstand und heute als Lesotho ein unabhängiger Staat inmitten des »weißen« Südafrika ist.
Der Krieg gegen Moshesh war ein schlechtes Geschäft für die Buren. Statt der »Kaffern« hatten sie nun

auch an dieser Grenze die Engländer zu Nachbarn. Und während die Buren in ihren neugegründeten Republiken das weiße Herrenrecht ausbauten und die Rassendiskriminierung verfassungsmäßig verankerten, vollzog sich im Kapland die entgegengesetzte Entwicklung: 1854 übertrug London der Kolonie die Selbstverwaltung durch ein eigenes Parlament und gewährte allen Einwohnern ohne Unterschied der Hautfarbe das volle Bürgerrecht.

Wahlberechtigt waren alle Bürger mit einem Vermögen von mindestens 25 Pfund Sterling oder einem Jahreseinkommen von mindestens 50 Pfund – eine für die damalige Zeit außerordentlich niedrige Qualifikation. »Es ist der ernste Wunsch der Regierung«, erklärte der Kolonialminister, der Herzog von Newcastle, »daß die Untertanen Ihrer Majestät ohne Unterschied der Klasse oder der Hautfarbe durch einen Bund der Treue und des gemeinsamen Interesses vereint sein sollen. Wir glauben, daß die Ausübung gleicher politischer Rechte durch alle der beste Weg zu diesem Ziel ist[10].«

So drifteten die beiden weißen Gruppen in Südafrika immer weiter auseinander: hier die liberale britische Kapkolonie, in der die Rassengleichheit grundsätzlich anerkannt war, dort die Burenrepubliken, die die Gewaltherrschaft des weißen Mannes zum Staatsprinzip erhoben.

Jeder hätte der Kapkolonie um die Mitte des vorigen Jahrhunderts die größeren Zukunftschancen eingeräumt. Sie besaß die weitaus größere und zivilisiertere Bevölkerung, die freiere Gesellschaft, die bessere Verwaltung und die günstigere geographische Lage. Dagegen waren die Burenstaaten im Grunde nicht mehr als eine politische Fiktion: isolierte Sklavensysteme ohne Verbindung zur expandierenden Weltwirtschaft, ohne Zugang zum Meer, ohne Infrastruktur – eine Handvoll bewaffneter Viehzüchter auf einer öden sonnendurchglühten Steppe.

»Einem Westeuropäer wäre das Leben dieser Menschen alles andere als beneidenswert erschienen«, schreibt Südafrikas klassischer Historiograph George Theal. »Sie waren über immense Farmen, oder besser gesagt Viehdriften, verstreut und besaßen noch keine besseren Häuser als kleine Hütten von zwei, höchstens drei Zimmern, mit Lehmfußboden und Strohdächern, ohne verglaste Fenster, und immer kärglich möbliert. Es gab keine Straßen und keine einzige Brücke im ganzen Land (Transvaal). Kein anderes Fahrzeug als der südafrikanische Ochsenwagen konnte ihnen irgendwelche Waren bringen. Es war nur wenig Geld in Umlauf, und der Handel vollzog sich fast vollständig auf Tauschbasis. Häute waren der Hauptartikel, mit dem die Händler aus Port Elizabeth oder Durban bezahlt wurden.«

»Dennoch«, fährt Theal fort, »ist nicht anzunehmen, daß diese Menschen nicht ebenso glücklich waren wie die europäischen Städter. Wahrscheinlich waren sie sogar viel glücklicher. Kein anderes Volk auf der Erde konnte sich so bereitwillig seiner Umgebung anpassen wie diese Südafrikaner, und deshalb waren sie zufrieden, wo andere allen Mut verloren hätten. Und jetzt, da ihre Unabhängigkeit von der einzigen Macht anerkannt war, die sie fürchten mußten, war der Becher ihres Glücks bis zum Rand gefüllt[11].«

Doch plötzlich wurden die Buren aus ihrer pastoralen Beschaulichkeit gerissen: In der öden Steppe, die sie erobert hatten, wurden die größten Diamant- und Goldvorkommen der Erde entdeckt.

Diamantfieber in Kimberley – das „Große Loch" entsteht

Kimberley vor hundert Jahren

7 Blut und Diamanten

Über den Fund, der Südafrika veränderte, gibt es ein Dutzend Versionen. Die zuverlässigste Darstellung stammt von William Chambers. Der Mann war damals Distriktchef von Hopetown, einem Grenzbezirk der britischen Kapkolonie am Oranje-Fluß. In seinem Amtsbereich trug sich die Geschichte zu:

»Der erste Diamant«, so berichtete Chambers, »wurde 1867 durch puren Zufall entdeckt. Er war lange Zeit von den Kindern eines burischen Farmers namens Jacobs als Spielzeug benutzt worden. Diese Leute sind sehr unwissend – in der Tat nicht besser als die Eingeborenen. Glücklicherweise besuchte ein anderer burischer Farmer, Herr Schalk van Niekerk, ein intelligenterer Mensch als die meisten seiner Landsleute, die Jacobs-Farm. Der Stein erregte seine Aufmerksamkeit, und er fragte Jacobs, ob er ihn kaufen könne. Frau Jacobs lachte nur und sagte, er könne den Stein umsonst haben. Niekerk gab ihn weiter an O'Reilly (einen Händler), um herauszufinden, was für ein Stein es war. O'Reilly nahm ihn mit nach Hopetown, zeigte ihn jedem und sagte, er hielte ihn für einen Diamanten. Wir lachten ihn alle aus – ich selbst auch. Dann nahm er den Stein mit nach Colesberg. Dort überredeten ihn einige Leute, den Fund an Dr. Atherstone in Grahamstown zu schicken. Der Doktor erklärte den Stein für einen veritablen Diamanten . . .[1]«

Der Stein, für den Frau Jacobs kein Geld haben wollte, wog 21 Karat. Er wurde »Eureka« getauft und am Ende einer komplizierten Kette für 500 Pfund Sterling (10000 Goldmark) an den Gouverneur der Kapkolonie, Sir Philip Wodehouse, verkauft. Die Transaktion hatte Symbolkraft, denn mit dem Diamantenfund von Hopetown begann ein neues Kapitel britischer Machtpolitik.

Die liberale Kolonialmacht, die ihre Grenzen in Südafrika bisher nur zögernd erweitert hatte, verwandelte sich nun in John Bull, die Symbolfigur des Imperialismus: beutegierig, grausam und vollkommen skrupellos. Das Bild vom

»perfiden Albion«, das den Deutschen in zwei Weltkriegen als Zielscheibe billiger Propaganda diente, entstand damals in Südafrika. Denn kein Trick war England zu schäbig, um die neuentdeckten Reichtümer in die Hand zu bekommen.

Bald nachdem Frau Jacobs ihren Stein verschenkt hatte und neue Funde die Kapkolonie in Aufregung versetzten, schlugen Glücksritter und Desperados aus aller Welt ihre Zelte am Oranje auf. Es stellte sich jedoch heraus, daß die ergiebigeren Vorkommen jenseits des Grenzflusses lagen. Als dort schließlich 1870 auf der Farm der Brüder Diedrich und Johannes De Beer ein Diamantenlager entdeckt wurde, das alle bisherigen Fundstellen übertraf, ergoß sich eine Invasion in das Gebiet.

Die Brüder De Beer verkauften ihr Land für 6000 Pfund Sterling an die »Digger«. Heute erinnert nur noch der Name des größten Diamantenkonzerns der Welt an die Vorbesitzer jenes milliardenträchtigen Stückchens Erde. Ihre Farm verwandelte sich innerhalb weniger Wochen in eine Kraterlandschaft. Tausende von Schatzsuchern zerwühlten den Boden auf engstem Raum. Je tiefer sie in die Erde vorstießen, desto mehr Diamanten fanden sie.

Am ergiebigsten erwies sich eine harte bläuliche Felsschicht, Blaugrund genannt, die erst in 20 Meter Tiefe begann. Die Digger heuerten schwarze Hilfsarbeiter an, um den Stein zu brechen. Der Hügel, auf dem das erste Diggercamp stand, verschwand buchstäblich von der Erdoberfläche. An seiner Stelle entstand ein Krater, der sich im Laufe der Jahrzehnte zur größten Grube erweiterte, die je durch manuelle Arbeit ausgehoben wurde, dem »Big Hole« (Großen Loch) mit einem Umfang von zwei Kilometern – ein heute noch zu besichtigendes Monument der Geldgier.

Die politische Zugehörigkeit des Diamantengebietes war umstritten. Klar war nur, daß es nicht zur britischen Kapkolonie gehörte. Eine Zeitlang hatten dort die Griquas, ein europäisiertes Mischlingsvolk aus dem Kapland, einen eigenen Staat errichtet. Nach Konstituierung des Oranje-Freistaats erhob jedoch die Burenrepublik Anspruch auf dieses Gebiet. Als der Diamanten-Rush einsetzte, stand sie der Invasion freilich ohnmächtig gegenüber. In der unübersehbaren Zeltstadt am Colesberg Koppie, in der mehr Weiße lebten als in der Oranje-Hauptstadt Bloemfontein, herrschte das Gesetz des Stärkeren und sonst gar nichts. Als die Burenregierung versuchte, ihre Autorität durchzusetzen, riefen die Digger, von denen die meisten britische Staatsbürger waren, eine eigene

Südafrikanische Rohdiamanten

Beim Sortieren der Diamanten 1871

Republik aus und baten England um »Schutz«.
London zierte sich nicht lange und annektierte das ganze Diamantengebiet. Am 4. November 1871 ritt ein Detachement der Kap-Polizei in das Diggercamp ein und hißte den Union Jack. Die Zeltstadt wurde kurz darauf zu Ehren des amtierenden britischen Kolonialministers Kimberley getauft. Sie entwickelte sich zum größten Diamantenzentrum der Welt. England zahlte dem Oranje-Freistaat eine Entschädigung von 90000 Pfund (1,8 Millionen Goldmark).
Anschließend wandte sich Großbritannien dem zweiten Burenstaat, der Südafrikanischen Republik, zu. Dort, in Transvaal, hatte der deutsche Geologe Karl Mauch große Goldvorkommen entdeckt. Im Norden des Landes wurden die ersten Lagerstätten bereits ausgebeutet. Aber der Staat war bankrott. In 25 Jahren politischer Unabhängigkeit hatten es die Buren nicht geschafft, eine ordentliche Verwaltung aufzubauen. Niemand zahlte Steuern, und eines Tages entdeckte der Volksrat, daß der Schatzmeister der Republik gar keine Bücher führte. In der Staatskasse befanden sich noch knapp 20 Goldmark. Der Postdirektor erhielt sein Gehalt fortan in Briefmarken, die niedrigen Beamten konnten überhaupt nicht mehr bezahlt werden.
Die staatlichen Institutionen waren nur noch eine Farce. Selbst ein Feldzug gegen aufständische »Kaffern« im Norden blieb erfolglos, und schließlich drohte die Republik in einen neuen Bürgerkrieg zu versinken. Als englische Händler und Golddigger nach bewährtem Muster Großbritannien um »Schutz« ersuchten, schickte London 1877 einen »Sonderbotschafter« nach Pretoria, der kurzerhand die Annexion Transvaals verkündete.
Die Burenrepublik brach wie ein Kartenhaus zusammen, ohne daß ein einziger Schuß fiel. Die stillschweigende Zustimmung der Transvaal-Regierung erkaufte sich England mit der Garantie, das burische Rassensystem aufrechtzuerhalten. Ausdrücklich hieß es in der Proklamation der britischen Machtübernahme:
»Für Weiße und Farbige gilt gleiches Recht. Aber dieses Prinzip beinhaltet nicht die Verleihung gleicher Bürgerrechte wie das Wahlrecht für Wilde oder andere bürgerliche Privilegien, die mit ihrem unzivilisierten Status unvereinbar sind[2].«
Damit rückte England von den Grundsätzen ab, die in der Kapkolonie galten. Doch die Hoffnung, die Buren durch diese Konzession zu versöhnen, trog. Die Transvaaler konnten sich mit dem Verlust der Souveränität nicht abfinden. Nach-

dem sie sich von ihrem ersten Schock erholt hatten, schwappte eine Welle nationaler Empörung über das Land. Wieder einmal erprobten die Buren ihre erstaunliche Fähigkeit, nach scheinbaren Untergängen stärker als zuvor wieder aufzutauchen.

Zum Symbol des Widerstandes wurde ein Mann namens Paul Krüger. Er beherrschte die Szene für die nächsten Jahrzehnte und sorgte dafür, daß Südafrika zum erstenmal auf die Tagesordnung der Weltpolitik kam.

»Ohm Krüger«, ein Abkömmling deutscher Einwanderer, stellte die Inkarnation des Burentums dar: Er war auf den Ochsenwagen des Großen Treks aufgewachsen, hatte nie die Schule besucht, dafür aber mit 17 Jahren schon sein erstes Kommando geführt und im gleichen Alter geheiratet. Er war dabei, als Pretorius 1852 die Sand River Convention, den Unabhängigkeitsvertrag mit England, unterzeichnete, und er hatte alle Expeditionen gegen die »Kaffern« und alle Bürgerkriegswirren mitgemacht. Es gab kein einziges Jahr, in dem er nicht gegen irgendeinen Feind geritten war.

Er war schnell mit der Waffe und langsam im Denken. Er kannte das Alte Testament auswendig und spickte seine Reden mit Bibelzitaten. Er war bis zur Blindheit selbstgerecht, sendungsbewußt und unnachgiebig – ein autokratischer Patriarch, der wie das Urgestein einer versunkenen Welt in das Zeitalter der Technik und der geheimen Kabinettspolitik hineinragte.

Krüger leitete den Aufstand gegen die Engländer. Er war auf der letzten Sitzung des Volksrats zum Vizepräsidenten der Republik gewählt worden. Als Präsident Burgers nach der Annexion des Landes zurücktrat, wurde Paul Krüger inoffizieller Staatschef. Zweimal reiste er mit einer Delegation nach London, um gegen die britische Besetzung zu protestieren, doch die Afrikaaner wurden vom britischen Kolonialminister nicht einmal empfangen. Darauf organisierten sie die bewaffnete Erhebung.

Im Dezember 1880, drei Jahre nach der Annexion Transvaals, versammelten sich 3000 Buren auf dem »Paardekraal«, der Farm des ehemaligen Präsidenten Marthinus Pretorius (heute eine nationale Gedenkstätte), und legten einen Rütlischwur ab: »Dreimal hat die englische Regierung unsere Freiheit mit Füßen getreten und unsere Fahne in den Schmutz gezerrt. Wie von Dieben in der Nacht ist uns unsere Republik geraubt worden. Im Angesicht Gottes schwören wir feierlich, daß wir bis zum Tode kämpfen werden, um die Freiheit unserer Republik wiederherzustellen[3].«

Zur Bekräftigung legte jeder einzelne der Versammelten einen Stein auf einen Haufen.
Kurz darauf, am »Dingaans-Tag«, dem Jahrestag des Massakers gegen die Zulus, hißten die Rebellen in der deutschen Stadtgründung Heidelberg den »Vierkleur« und riefen die Unabhängigkeit aus. Das war das Signal zum Angriff. Schlagartig wurden die kleinen britischen Garnisonen in Transvaal umzingelt. Fast alle kapitulierten. Als der britische General Sir George Colley von Natal aus eine Entsatzarmee heranführte, lief er in eine Falle: Beim Übergang über die Drakensberge wurde die Vorhut auf dem Majuba-Plateau vollständig aufgerieben, der General selbst fiel im Gefecht. Die Buren hatten nur zwei Tote.
Der liberale Premierminister Gladstone in London ließ die Schmach zum Ärger der Konservativen ungesühnt und gewährte den hartnäkkigen Buren abermals die Unabhängigkeit. Vorläufig war es freilich

Vernichtung der englischen Vorhut auf dem Majuba-Plateau 1881

nur eine Teilsouveränität unter britischer Oberherrschaft, doch 1884 wurde den Transvaalern in der Konvention von London praktisch die volle Souveränität zuerkannt.
Paul Krüger wurde zum Präsidenten der neugegründeten Südafrikanischen Republik gewählt. Er war nun der Held aller Afrikaaner. Nicht nur im Oranje-Freistaat, auch in der britischen Kapkolonie jubelten die Buren, die dort noch immer zwei Drittel der weißen Bevölkerung stellten, über Englands Niederlage. Die Kap-Buren hatten den Großen Trek nicht mitgemacht, aber jetzt entdeckten sie ihre »Volksgemeinschaft« mit den »Brüdern und Schwestern« in Oranje und Transvaal. Was England durch seine Handstreichpolitik gegen die Burenrepubliken erstikken wollte, hatte es nun erst provoziert: den Ausbruch des großafrikaanischen Chauvinismus.
Schon vor dem Unabhängigkeitskampf der Transvaaler war in der Kapkolonie eine burische Volkstumsbewegung gegen die fortschreitende Anglisierung entstanden. Der kalvinistische Pfarrer Stephanus Du Toit machte sich zum Vorkämpfer der völkischen Erneuerung. In Paarl bei Kapstadt, einer der ältesten Siedlungen der holländischen Kolonialzeit, gründete er die »Genootskap van regte Afrikaaners« (Genossenschaft echter Afrikaaner). Ihr Ziel war vor allem die Pflege der burischen Sprache, des Afrikaaans, das an keiner Schule gelehrt wurde. Denn noch immer galt das klassische Holländisch als offizielle Sprache der Weißen. Die nichtenglischen Zeitungen wurden in holländisch gedruckt, an den Schulen wurde holländisch unterrichtet, und selbst in der kalvinistischen Kirche wurde noch holländisch gepredigt.
So führte Pfarrer Du Toit, der später Erziehungsminister in der Südafrikanischen Republik wurde, einen Zweifrontenkrieg gegen das Englische und das Holländische. Er begann, die Bibel in Afrikaans zu übersetzen, und gab die erste Zeitung in Afrikaans heraus. Sie hieß »Die Patrioot«. Einer seiner Mitkämpfer, der Lehrer Arnoldus Pannevis, ein gebürtiger Holländer, dichtete die erste Nationalhymne auf Afrikaans: »Jede Nation hat ihr Land, wir leben auf afrikanischem Strand/Für uns gibt's keinen bessern Grund auf dem weiten Weltenrund/So tragen stolz wir unsern Nam' als Kinder von Südafrika[4].«
Die Sprachkampagne war für Du Toit nicht nur eine Sache der kulturellen Identität. Es war, so der afrikaanse Historiker van Jaarsveld, »Teil seines religiösen Glaubens, daß Gott diese Volksgemeinschaft nach Afrika verpflanzt und ihr eine eigene Sprache gegeben hat, die sie

bewahren mußte, wenn sie als nationale Einheit fortbestehen wollte[5].«
Nach dem Aufstand der Transvaaler und der Wiedergewinnung ihrer Souveränität wurde aus der Volkstümelei eine handfeste politische Bewegung. Begriffe wie »Afrikaanse Volk« oder »Afrikaanse Nasie« (Nation) fanden rasch Verbreitung. »Ungeachtet aller früherer Meinungsverschiedenheiten fühlen wir, daß wir eine einzige Nation sind, mit der gleichen Freiheitsliebe und dem gleichen Haß gegen Unterdrückung«, schrieb der »Express« 1881 in Bloemfontein[6].
Dieser erwachende burische Nationalismus war von einem tiefen Minderwertigkeitskomplex gegenüber England und von unverhüllter Aggressivität gegen den anglisierten Teil der eigenen Volksgruppe geprägt. »Im Gegensatz zu den ›wahren‹ oder ›echten‹ Afrikaanern gab es die ›Volksfeinde‹ und ›Verräter‹, das heißt die englisch gesinnten Afrikaaner. Es war die Aufgabe der ›wahren‹ Afrikaaner, ihnen die ›Augen zu öffnen‹ und sie zur ›Umkehr‹ zu bewegen[7].«
Diese Aufgabe übernahm der »Afrikaaner Bond«, die erste großburische politische Organisation. Der »Bund« wurde 1881 nach dem Sieg von Majuba im Oranje-Freistaat gegründet. Sein Ziel war die Vereinigung ganz Südafrikas unter burischer Herrschaft. »Brüder, laßt uns nicht länger das Blut unserer Vorfahren besudeln«, trommelten die Werbeschriften des Bundes, »laßt uns eine Nation gebären. Wie herrlich wird es sein, wenn, so Gott will, unsere Flagge der Einheit über Südafrika weht[8].«
Der Afrikaaner Bond faßte rasch in der Kapkolonie Fuß und fand dort seine stärkste Basis. Er konstituierte sich als politische Partei, die erste, die es überhaupt in der Kolonie gab, und bildete die größte Fraktion im Parlament von Kapstadt. Ihr Führer Jan Hofmeyr, Herausgeber der Zeitung »Ons Land«, wurde der populärste und einflußreichste Sprecher des burischen Bevölkerungsteils. Gegen ihn konnte in der Kapkolonie nicht mehr regiert werden.
So sah sich England plötzlich nicht nur den Burenrepubliken gegenüber, seinen altvertrauten Kontrahenten, sondern auch einer starken burischen Nationalbewegung in der eigenen Kolonie. Doch die Afrikaaner entdeckten ihr neues Selbstbewußtsein im historisch ungünstigsten Moment. Denn in eben dieser Zeit entwickelte der britische Imperialismus seine größte Stoßkraft. Er wollte dasselbe wie die Buren: die Vereinigung ganz Südafrikas, allerdings unter britischer Flagge.

Jubel im Feldlager der Buren
nach Vertreibung der Briten

Johannesburg, Südafrikas Wirtschaftsmetropole, entstand 1886 aus einem Goldgräberlager. Bis ins 20. Jahrhundert glich die „Golden City" dem Wilden Westen Amerikas.

8 Cecil Rhodes gegen Paul Krüger

Der Zusammenstoß zwischen burischem Nationalismus und britischem Imperialismus fand seinen Ausdruck im Duell zweier Männer, die die beiden Lager als Archetypen verkörperten: Paul Krüger und Cecil Rhodes. Die historische Konfrontation wurde zu ihrem persönlichen Kampf.

Cecil Rhodes war in allem das Gegenteil von Paul Krüger. Er hätte nicht nur altersmäßig der Sohn des Burenführers sein können, er vertrat auch eine neue Epoche. Krüger stand für die Feudalgesellschaft des 18. Jahrhunderts, die Selbstgenügsamkeit des Farmers, die Einsamkeit des Viehzüchters, die Geringschätzung des Geldes. Rhodes stand für den Kapitalismus, das Zeitalter der Technik, der Weltwirtschaft, der Industrie.

Sie waren natürliche Feinde, aber sie hatten dennoch zwei Eigenschaften gemeinsam: die Verachtung für den schwarzen Mann und den mystischen Glauben an die eigene Sendung, das von Gott gegebene Recht auf Herrschaft. Die Vokabel »Imperialist« war für Cecil Rhodes kein Schimpfwort, sondern ein Ehrentitel. Er war von dem tiefen Glauben durchdrungen, daß die »angelsächsische Rasse« zur Weltherrschaft berufen sei. Er war besessen von der Idee, die Weltkarte »rot zu malen« – rot war die Farbe Englands in der internationalen Kartographie.

Schon mit 24 Jahren, als er noch kein reicher Mann war, setzte Rhodes ein Testament auf, in dem er sein präsumtives Vermögen einer zu errichtenden »Geheimgesellschaft« vermachte. Ihre Aufgabe: »Die Ausdehnung der britischen Herrschaft über die Welt, die britische Besiedlung ganz Afrikas, des Heiligen Landes, des Euphrattales, ganz Südamerikas, der noch nicht besetzten Pazifikinseln, des ganzen Malayischen Archipels, der Küsten Chinas und Japans, schließlich die Wiedergewinnung der Vereinigten Staaten von Amerika als integraler Bestandteil des Britischen Empire . . .[1]«

Rhodes meinte das vollkommen ernst, und er tat alles, um seinen Wunschtraum zu verwirklichen. Er

Cecil Rhodes – Südafrika für England

Paul Krüger – Südafrika den Buren

war der letzte in der Reihe der großen Abenteurer, denen England seine Weltgeltung verdankte. Zunächst freilich mußte er reich werden, denn Reichtum war Macht. Er gewann beides in Kimberley.

Rhodes, Sohn eines englischen Landpfarrers, war mit 17 Jahren nach Südafrika gekommen, weil sein älterer Bruder sich dort als Farmer niedergelassen hatte. Kaum in der Kapkolonie eingetroffen, machte er sich zu den neuentdeckten Diamantenfeldern auf. In Kimberley traf er nach einigen unsteten Jahren unter den Tausenden von Abenteurern, Glücksrittern, Spekulanten, kleinen Händlern und Träumern zwei aufs Jahr gleichaltrige Männer, die ihm bis zu seinem Tode dienten und ohne die er nicht der große Rhodes geworden wäre: den Hamburger Auswanderer Alfred Beit, Sohn einer wohlhabenden jüdischen Familie, und den schottischen Arzt Dr. Leander Jameson, eine der schillerndsten Figuren jener Zeit.

Die Geschichte, wie der mittellose Rhodes innerhalb weniger Jahre zum Hauptaktionär der »De Beers Consolidated Mines Company« aufstieg und schließlich das Monopol der gesamten Diamantenproduktion erkämpfte, gehört zu den klassischen Lehrstücken des Frühkapitalismus. Als er 1888 für fünf Millionen Pfund Sterling seinen

letzten Konkurrenten, den ebenfalls aus dem Nichts aufgestiegenen englischen Juden Barney Banato, aufkaufte, war Rhodes der Herr von Kimberley und mit 35 Jahren einer der reichsten und mächtigsten Männer der Erde. Alfred Beit, der ihn geschäftlich beriet und nebenher seine eigene Weltfirma leitete, und Dr. Jameson, sein Leibarzt und Werkzeug für Intrigen aller Art,

1902 erreicht die geplante Eisenbahnstrecke Kapstadt–Kairo die rhodesische Hauptstadt Salisbury

wurden mit Direktorensitzen »auf Lebenszeit« im De-Beers-Konzern belohnt.

Doch nie verlor Cecil Rhodes sein politisches Ziel aus den Augen. Schon 1880 hatte er sich in das Parlament der Kapkolonie wählen lassen. Die Kolonie besaß seit 1872 die volle Selbstverwaltung, einschließlich einer vom Vertrauen des Parlaments abhängigen Regierung. Über dem Premierminister stand als Vertreter der Krone nur der Gouverneur, der gleichzeitig das Amt des Hochkommissars für alle britischen Gebiete in Südafrika innehatte. Doch nicht der Premierminister oder der Gouverneur, sondern der

Abgeordnete Rhodes war bald der entscheidende Mann in Kapstadt. Er diktierte selbst der Regierung in London die Politik.

Rhodes' konkretes Ziel in Afrika – das er nie erreichte – war ein durchgehendes britisches Territorium vom Mittelmeer bis zum Kap der Guten Hoffnung, eine Eisenbahnlinie Kairo–Kapstadt und das dazugehörige Telegrafennetz. Diesem Ziel standen nicht nur die Burenrepubliken im Wege. Plötzlich tauchte eine neue Macht in Südafrika auf, mit der niemand gerechnet hatte – Deutschland.

1883 hatte der Bremer Tabakhändler Adolf Lüderitz in Südwestafrika die Bucht von Angra Pequena für eine Handvoll Gewehre von den Eingeborenen »erworben«, und im Jahr darauf stellte Bismarck das Gebiet unter den »Schutz des Reiches«: Die erste deutsche Kolonie war geboren (siehe Kapitel 14). Gleichzeitig stießen Burentreks aus Transvaal nach Westen vor und gründeten am Rande der Kalahari zwei kleine Republiken: »Stellaland« und »Goshen«, die von Paul Krüger unter den »Schutz« der Südafrikanischen Republik gestellt wurden.

So zeichnete sich für Rhodes die Gefahr ab, daß sich Deutsche und Buren in der Kalahari die Hand reichen und damit einen Sperrgürtel quer durch Südafrika, vom Atlantik bis zum Indischen Ozean, legen könnten. Diese Idee war nicht so abwegig, wie sie heute scheinen mag. Für die Buren war die neue Kolonialmacht Deutschland der natürliche Verbündete gegen England, und die völkische Bewegung in Deutschland betrachtete ihrerseits die Buren als »Blutsverwandte«. Viele Afrikaaner waren Abkömmlinge deutscher Auswanderer, und Reichsdeutsche spielten in den Burenrepubliken des 19. Jahrhunderts als Techniker, Importeure und Kleinindustrielle eine bedeutende Rolle. Die »Staatsartillerie« beider Republiken, die einzige stehende Militärorganisation der Buren, wurde von deutschen Offizieren ausgebildet.

Das deutsch-burische Bündnis erhielt 1884 seine Weihe durch den Besuch Paul Krügers in Berlin. Bismarck und Kaiser Wilhelm I. empfingen den Burenpräsidenten mit demonstrativer Herzlichkeit. Der Kanzler unterhielt sich mit »Ohm Paul« auf plattdeutsch, und der Kaiser begrüßte Krüger als »Vertreter eines Gemeinwesens, das mit Deutschland durch die Bande der Verwandtschaft verknüpft ist[2]«. Ein halbes Jahr später wurde ein formeller Freundschafts- und Handelsvertrag zwischen dem Reich und der Südafrikanischen Republik abgeschlossen. Damit besaßen die Buren erstmals die politische Un-

terstützung einer Großmacht.
Um der drohenden Vereinigung von Buren und Deutschen in Südafrika zuvorzukommen, trat Rhodes den langen Marsch zur Eroberung des Nordens an. Sein erstes Ziel war Betschuanaland, heute Botswana, ein trostloses Stück Wüste zwischen Deutsch-Südwest und Transvaal. »Ich betrachte dieses Territorium als den Suezkanal für den Handel dieses Landes, als den Schlüssel zum Tor des Inneren«, rief er im Parlament von Kapstadt aus[3].
Rhodes setzte seine ganze Macht ein, bis die zögernde Regierung in London schließlich 4000 Soldaten über den Oranje-Fluß nach Norden schickte und Betschuanaland zum britischen Protektorat erklärte.
Anläßlich dieser Annexion, der auch die beiden Burensiedlungen Stellaland und Goshen zum Opfer fielen, traf sich Rhodes erstmals mit seinem Gegenspieler Paul Krüger am Ufer des Vaal. Rhodes kam in Begleitung von 200 Rotjacken, Krüger brachte eine Truppe seiner deutschgedrillten Kanoniere mit. Der Burenpräsident beugte sich den vollendeten Tatsachen, doch er gab sich keineswegs geschlagen. »Das Rennpferd«, sagte er, »ist schneller als der Ochse. Aber der Ochse kann größere Lasten tragen. Wir werden sehen, wer am Ende gewinnt[4].«
Rhodes war mit Betschuanaland nicht zufrieden. Er drängte weiter nach Norden. Nachdem er seinen »Suezkanal« eröffnet hatte, wollte er ihn auch benutzen. Nördlich von Betschuanaland lag das Herrschaftsgebiet der Ndebele (Matabele), jenes Stammes, den die Buren beim Großen Trek aus Transvaal vertrieben hatten. Ihr Oberhäuptling Lobengula war der Sohn Msilikatses, des ersten Opfers der Voortrekker.
Rhodes hoffte, im Reiche Lobengulas Gold zu finden. Da aber weder die Kapregierung noch der britische Hochkommissar noch die Regierung in London an diesem Territorium interessiert waren, übernahm Rhodes selbst die Rolle des Eroberers. Er schickte Dr. Jameson zu Lobengula und ließ sich eine Konzession für »Schürfrechte« erteilen. Gegenleistung: 1000 Gewehre mit je 100 Schuß Munition, eine jährliche Apanage von 1200 Pfund Sterling und einen Flußdampfer für den Häuptling auf dem Sambesi.
Lobengula ahnte nicht, daß er mit der »Schürfkonzession« sein Reich wegschenkte, denn Rhodes gründete jetzt eine Kolonialgesellschaft, die »British South African Company« (BSAC), kurz »Chartered Company« genannt. Die von Queen Victoria unterzeichnete Charter stattete die Gesellschaft mit staatlichen Hoheitsrechten aus. Sie

konnte Verträge schließen wie einst die Niederländisch-Ostindische Kompanie, Gesetze erlassen, Straßen, Eisenbahnen, Häfen bauen – und selbstverständlich eine Polizeitruppe unterhalten. Finanzdirektor der Kompanie wurde Alfred Beit.

Im Juni 1890 schickte Rhodes die legendäre »Pionierkolonne« auf den Marsch, um sein Privatreich in Besitz zu nehmen – 200 weiße Siedler, 500 Söldner, 300 schwarze Träger, an der Spitze Dr. Jameson. Nach drei Monaten erreichte die Kolonne ihr Ziel: Mount Hampden im Zentrum von Lobengulas Reich. Dr. Jameson hißte den Union Jack und ließ ein Fort anlegen, das er zu Ehren des amtierenden britischen Premierministers Salisbury taufte. Das ganze Land indessen nannte er, wie hätte es anders sein können, Rhodesien. Der vielseitige Doktor wurde »Administrator« des Territoriums.

Zu spät entdeckte Lobengula, daß er den Briten die Souveränität verkauft hatte. Als seine Krieger sich gegen Übergriffe der BSAC-Polizei zur Wehr setzten, schlugen Rhodes und Jameson unbarmherzig zu. Wie einst Pretorius gegen den Zulukönig Dingaan brach Jameson zu einem Vernichtungsfeldzug gegen Lobengula auf. Der Doktor führte Feldgeschütze und – erstmals in Afrika – Maschinengewehre mit, die neue Wunderwaffe. Lobengula bot 7000 Mann für die Entscheidungsschlacht auf, aber die Gewehre, die ihm der gleiche Jameson einige Jahre zuvor verkauft hatten, erwiesen sich als wirkungslos: Niemand hatte den Schwarzen erklärt, wie man die Visiere einstellt. Die Regimenter Lobengulas wurden von Jamesons Maschinengewehren reihenweise niedergemäht.

Im November 1893 zogen Jamesons Söldner in Lobengulas Hauptkraal Bulawayo ein. Es waren nur noch rauchende Trümmer. Der Ndebele-König hatte die Hütten, wie ein halbes Jahrhundert zuvor Dingaan, selbst in Asche legen lassen. In den Ruinen irrten zwei verstörte weiße Händler umher. Der Häuptling hatte seinen Leuten befohlen, ihr Leben zu schonen. Lobengula selbst starb an einem unbekannten Ort auf der Flucht – der letzte unabhängige schwarze Herrscher im Süden Afrikas.

Mit der Unterwerfung der Ndebele hatte Rhodes den Durchbruch nach Norden geschafft. Die Burenrepubliken waren nun im weiten Bogen von britischem Gebiet umgeben. Jetzt schloß Rhodes den Ring im Süden, um Paul Krüger den Zugang zum Meer abzuschneiden.

Das Zulureich, das zwischen Transvaal und dem Indischen Ozean lag, war von England schon vor Rhodes' Aufstieg vernichtet worden. Mit einer letzten verzweifelten Anstrengung hatte sich Dingaans Sohn Cetshwayo den vordringenden Briten entgegengeworfen. In der Schlacht von Isandhlawana am 22. Januar 1879 vernichteten die Zulus die gesamte britische Invasionstruppe von 1600 Mann. Es war der größte Sieg ihrer Geschichte, aber er nützte ihnen nichts. Ein halbes Jahr später kehrten die Engländer mit Verstärkung zurück, eroberten die Zuluhauptstadt Ulundi und schleppten Cetshwayo als Gefangenen nach Kapstadt.

Als die Buren danach versuchten, in dem letzten »unkontrollierten« Küstenstreifen zwischen Zululand und Portugiesisch-Ostafrika Fuß zu fassen, annektierte England auch dieses Gebiet. Damit war die ganze Küste vom Kap der Guten Hoffnung bis hinauf nach Moçambique »rot«. Präsident Krüger mußte die Hoffnung auf einen Hafen begraben.

Unterdessen hatte sich die Szene in Transvaal auf dramatische Weise geändert. 1886 wurde der Schatz entdeckt, auf dem der Reichtum Südafrikas bis heute beruht. Ein englischer Digger stieß 60 Kilometer südlich von Pretoria, am Witwatersrand, auf Gold. Wie sich herausstellte, war es nicht irgendeine gewöhnliche Goldader, sondern das größte bislang bekannte Vorkommen der Welt. Die armselige, ständig vom Bankrott bedrohte Südafrikanische Republik glich einem Bettler, der über Nacht ein Milliardenvermögen geerbt hat.

Doch der Segen wurde bald zum Fluch. Was sich zwei Jahrzehnte zuvor, nach den ersten Diamantenfunden am Oranje, abgespielt hatte, wiederholte sich nun in Transvaal. Der Goldrausch brach wie eine Lawine über das Land herein. Das »Reef« (Ader) oder der »Rand« (Abkürzung für Witwatersrand) wurde zum Magneten für Glückssucher aus allen fünf Kontinenten. Aus Kimberley setzten sich ganze Kolonnen in Bewegung. Sie ließen die Diamanten liegen, um den Goldboom nicht zu verpassen.

Die Großen waren zuerst vor Ort. Cecil Rhodes stand schon kurz nach der Entdeckung des Reefs auf dem »Veld« und ließ die gelben Körner durch die Hand rieseln. Er gründete die »Consolidated Gold Fields of South Africa«, einen Trust, der bald ebenbürtig neben dem Diamantenkonzern De Beers stand. Der Unterschied zu Kimberley bestand nur darin, daß über dem »Rand« nicht der Union Jack flatterte. Rhodes hatte nun noch einen Grund mehr, Südafrika unter britischer Herrschaft zu vereinigen – zumal in Rhodesien die erhofften Goldfunde ausblieben.

Präsident Paul Krüger sah die Gefahr. Zwar füllte das Gold seine Kassen, aber vor den Toren Pretorias wuchs ein Moloch, den er zu fürchten begann: Johannesburg, die »Golden City«. Die Stadt war 1886 aus dem ersten Goldgräbercamp entstanden. Zwölf Monate später hatte sie schon mehr Einwohner als die Hauptstadt Pretoria, und zehn Jahre nach ihrer Gründung war sie mit über 150000 Einwohnern die größte Siedlung Südafrikas.

In dieser Stadt sprach kein Mensch Afrikaans. Sie war ein Fremdkörper in der Burenrepublik, eine Ansammlung von hergelaufenen Engländern und kosmopolitischen Abenteurern, von gottlosen »Uitlanders« (Ausländern), die Champagner tranken und Hurenhäuser einrichteten. Diese Stadt war Satanswerk in den Augen der Buren.

Als Paul Krüger in Johannesburg eine öffentliche Rede hielt, sprach er das Auditorium folgendermaßen an: »Volk Gottes, ihr Söhne des Landes, ihr Ausländer, ihr Neulinge, ja, auch ihr Diebe und Mörder[5]!«

Im Kapstädter Parlament spottete Rhodes derweil über Krüger: »Wenn ich ihn so in Pretoria sitzen sehe, ohne Betschuanaland, ohne Kontrolle über die anderen Länder um ihn herum; wenn er zusehen muß, wie seine ganze Idee von einer pastoralen Republik zusammenbricht, wenn er mit hunderttausend Diggern fertig werden muß, zu denen er weder Sympathie noch irgendeine Beziehung hat – dann tut der Mann mir leid[6].«

Doch Rhodes wußte sehr wohl, daß dieser Mann nicht so leicht aus dem Sattel zu heben war. Um in der entscheidenden Auseinandersetzung die politischen Schalthebel direkt bedienen zu können, übernahm Cecil Rhodes 1890 selbst das Amt des Premierministers – ein Gespräch mit dem Gouverneur genügte dafür. Da Rhodes aber im Parlament auf den Afrikaaner Bond angewiesen war, machte er den einheimischen Buren Zugeständnisse in der »Kaffernfrage«. Das fiel ihm nicht schwer, denn Rhodes war ohnehin der Meinung, daß England den Farbigen in der Kapkolonie viel zu weit entgegengekommen war. So schränkte er unter dem Beifall des Afrikaaner Bond das Wahlrecht ein, indem er die erforderliche Qualifikation von 50 auf 75 Pfund Sterling Jahreseinkommen heraufsetzte. Es war der erste Schritt auf dem langen Wege zur Liquidierung der liberalen Verfassung von 1852. Rhodes stimmte auch der Wiedereinführung des Auspeitschens schwarzer Arbeiter zu, doch der Gesetzentwurf scheiterte damals noch am Widerstand liberaler Abgeordneter.

Nachdem sich Rhodes das Wohlwollen der kapländischen Buren erworben hatte, rüstete er sich für die letzte Runde im Duell mit Krüger.

Die Konfrontation hatte inzwischen an Schärfe zugenommen. Krüger setzte fest auf die deutsche Karte, und die Deutschen unterstützten ihn nach Kräften. Hunderte von Millionen Mark flossen als Investitionen in die Südafrikanische Republik. Um einen von England nicht kontrollierbaren Zugang zum Meer zu bekommen, übertrug Krüger einem deutsch-holländischen Konsortium den Bau einer Eisenbahn von Pretoria nach Delagoa Bay (Lourenço Marques) in Portugiesisch-Ostafrika. Zur Eröffnung lief der deutsche Kreuzer »Condor« in den Hafen ein. Paul Krüger kam an Bord und nahm eine Grußbotschaft Wilhelms II. entgegen. Mit dem Gegenzug fuhr eine deutsche Ehrenkompanie nach Pretoria, wo sie stürmisch gefeiert wurde.

Während Krüger seine Freundschaft mit dem mächtigen Deutschland zur Schau stellte, führte er einen provozierenden Handelskrieg gegen die Kapkolonie. Er erhob Einfuhrzölle aus Cecil Rhodes' Reich, und als eine britische Eisenbahngesellschaft eine Linie von Kimberley nach Johannesburg baute, erhöhte er die Tarife derart, daß die Gesellschaft die Passagiere an der Grenze der Republik aus der Bahn in Ochsenwagen umsteigen ließ. Darauf ließ Krüger die Ochsenwagenfurten über den Vaal sperren. Er gab erst nach, als England mit Konsequenzen drohte.

Jetzt hielt Rhodes den Zeitpunkt für gekommen, Krüger zu stürzen und die Südafrikanische Republik zu annektieren. Sein Plan war einfach: Da London keinen Krieg wollte – dies hätte womöglich Verwicklungen mit Berlin bedeutet –, mußte man die Burenrepublik von innen her aus den Angeln heben: mit Hilfe der »Uitlanders« von Johannesburg.

Seit langem herrschte politische Hochspannung in der Goldstadt. Die Uitlanders standen am Rande der offenen Rebellion gegen Krügers Republik. Ihr Groll war verständlich: Sie zahlten die Steuern, von denen der Staat lebte, aber sie besaßen kein Wahlrecht und damit nicht einmal Einfluß auf die eigenen kommunalen Angelegenheiten. Sie gründeten ein »Reformkomitee«, das Regierung und Volksrat mit Protesten und Resolutionen bombardierte. Ihr Slogan hieß: »No taxation without representation« (Keine Steuern ohne Volksvertretung).

Rhodes' Putschplan sah vor, daß das Reformkomitee sich gegen Krüger erheben und selbst eine provisorische Regierung bilden sollte. Gleichzeitig sollten auf »Bitten« der neuen Regierung »Freiwillige« von außen in die Südafrikanische Republik einmarschieren – eine Standardkomödie aus dem Repertoire

Dr. Jameson, Arzt und Abenteurer im Dienste von Cecil Rhodes. 1895 wird er als Gefangener nach Pretoria gebracht

der Machtpolitik. Personell war alles bestens besetzt: Im Putschkomitee saß Rhodes' älterer Bruder Frank, und die Invasionstruppe bestand aus den Söldnern der BSAC unter dem Kommando des bewährten Dr. Jameson.

Fatalerweise ging alles schief. Das Putschkomitee in Johannesburg bekam kalte Füße und vertagte die Erhebung. Trotzdem marschierte Dr. Jameson mit rund 500 Reitern von Betschuanaland her in Transvaal ein. Krüger schickte ihm General Cronje mit einer überlegenen Truppe entgegen. Am Neujahrstag 1896 war die ganze Invasionstruppe umzingelt und mußte sich ergeben. Dr. Jameson traf als Gefangener in Pretoria ein. Es war der schwärzeste Tag seines Lebens.

Das gescheiterte Unternehmen hatte weitreichende Folgen. Für Cecil Rhodes bedeutete es das Ende seiner aktiven politischen Laufbahn. Er war als skrupelloser Dilettant, der selbst vor kriminellen Mitteln nicht zurückschreckte, bloßgestellt. Er mußte als Premierminister und Präsident der BSAC zurücktreten. In London und Kapstadt fanden Untersuchungen statt, die seine Mitschuld feststellten. Aber als treuer Diener des Empire leugnete er standhaft, daß Kolonialminister Chamberlain in das Unternehmen eingeweiht gewesen sei (was selbstverständlich gelogen war).

Dr. Jameson wurde von Paul Krüger an die britische Regierung ausgeliefert und in London zu 15 Monaten Gefängnis verurteilt, von denen er vier absaß. Niemand hätte ihm danach noch ein politisches Comeback zugetraut, doch der erstaunliche Mann wurde acht Jahre später Premierminister der Kapkolonie.

Das Putschkomitee wurde in Pretoria vor Gericht gestellt. Frank Rhodes mußte sich sein Todesurteil anhören, bevor er von Paul Krüger zu 2000 Pfund Sterling Geldstrafe begnadigt und in die Kapkolonie abgeschoben wurde.

Den Essig in die britischen Wunden aber träufelte Deutschlands junger Kaiser Wilhelm II. Er schickte dem Burenpräsidenten nach dem Jameson-Raid ein schneidiges Telegramm, das Geschichte machte: »Ich spreche Ihnen meinen aufrichtigen Glückwunsch aus, daß es Ihnen, ohne an die Hilfe befreundeter Mächte zu appellieren, mit Ihrem Volke gelungen ist, in eigener Tatkraft gegenüber den bewaffneten Scharen, welche als Friedensstörer in Ihr Land eingebrochen sind, den Frieden wiederherzustellen und die Unabhängigkeit des Landes gegen Angriffe von außen zu wahren[7].«

Deutschland jubelte seinem zackigen Kaiser und den tollen Buren in

Südafrika zu. Doch die »Krüger-Depesche« war einer der dümmsten politischen Streiche Wilhelms II. Sein Hinweis auf die »Hilfe befreundeter Mächte« wurde von London als unverschämte Interventionsdrohung aufgefaßt. England vergaß diese Demütigung nie, und Paul Krüger wiegte sich fortan in der falschen Hoffnung, daß Deutschland ihm im Kriegsfall beistünde.

Der alte Burenführer hatte das Duell gegen den mächtigen Cecil Rhodes gewonnen, der Ochse gegen das Rennpferd gesiegt. Aber der Triumph verschaffte ihm nur eine kurze Atempause. England war jetzt mehr denn je entschlossen, die Burenrepubliken zu zerstören. Es konnte keine deutschen Vasallenstaaten im Rücken der Kapkolonie dulden – und es wollte das Gold von Johannesburg. Um diesmal sicherzugehen, bereitete London einen klassischen Krieg vor.

9 Der Burenkrieg

»Ein Krieg in Südafrika«, schrieb der britische Kolonialminister Joseph Chamberlain 1896, »wäre einer der ernstesten, die überhaupt geführt werden könnten. Es wäre eine Art Bürgerkrieg. Generationen würden nicht ausreichen, um die Glut zu löschen, die dieser Brand hinterließe[1].«
Dennoch führte Chamberlain diesen Krieg. Unglücklicherweise ging seine Prophezeiung in Erfüllung. Der »Burenkrieg«, der das 20. Jahrhundert einläutete, vergiftete nicht nur Südafrika bis heute, er wurde für die ganze Welt zum Vorboten eines mörderischen Zeitalters.
Vordergründig ging es um das Gold von Johannesburg, um das Wahlrecht der Ausländer in Transvaal. Aber dahinter stand die größere Frage, wer ganz Südafrika beherrschen sollte – Buren oder Briten, eine bäuerliche, industriefeindliche Sklavengesellschaft oder eine kapitalistische, rassenintegrierende Industriegesellschaft.
»Was auf dem Spiel steht«, erklärte Chamberlain auf einer Kabinettssitzung der konservativen Regierung Salisbury, »ist die Stellung Großbritanniens in Südafrika und damit unser Ansehen und unser Einfluß in (allen) unseren Kolonien und in der ganzen Welt. Die Niederländer (Buren) in Südafrika wollen die Verbindung mit Großbritannien, das für sie kein Mutterland ist, abschütteln und statt dessen eine Art Vereinigte Staaten von Südafrika unter ihrem Einfluß errichten. Diese Idee wäre wahrscheinlich längst als hoffnungslose Utopie ausgestorben, wenn die Südafrikanische Republik nicht ein Beispiel für erfolgreichen Widerstand gegen die britische Vorherrschaft böte[2].«
So suchte London die Entscheidung durch Gewalt. Nach dem schmählichen Ausgang der Jameson-Affäre und dem Rücktritt Cecil Rhodes' schickte es einen Mann nach Kapstadt, der Südafrika mit fester Hand in den Krieg führte: Gouverneur und Hochkommissar Lord Alfred Milner. Von nun an bestimmte er und nicht mehr der Premierminister der Kapkolonie die Politik.

COMMANDO

Burengeneral Pieter Cronje (Mitte) bei der Belagerung von Mafeking 1899

Milner war ein ebenso harter Imperialist wie Rhodes. Ihm fehlte nur das Träumerische. »Ich bin ein britischer, in erster Linie sogar ein englischer Nationalist«, bekannte er. »Ich bin auch ein Imperialist, denn die englische Rasse ist auf Grund ihrer insularen Lage und ihrer langen Seeherrschaft dazu bestimmt, frische Wurzeln in den entfernten Teilen der Welt zu schlagen[3].« Und kaum hatte er seinen Posten in Kapstadt übernommen, schrieb er an Chamberlain: »Es gibt keinen anderen Ausweg aus den politischen Schwierigkeiten in Südafrika als eine Reform in Transvaal oder Krieg[4].«

Nach zwei weiteren Jahren politischer Eskalation, nach einer ergebnislosen Konferenz zwischen Milner und Krüger in Bloemfontein und nach wechselseitigen Ultimaten war es schließlich soweit: Am 11. Oktober 1899 erklärte die Südafrikanische Republik dem britischen Empire den Krieg. Der Oranje-Freistaat, mit Krügers Republik durch eine Militärallianz verbunden, schloß sich an. Krüger telegrafierte an den Präsidenten der Schwesterrepublik, den Juristen Marthinus Steyn: »Dieser Krieg kann nur auf zweierlei Weise beendet werden: Durch unsere praktische Ausrottung oder durch unseren Sieg. Die Frage heißt Freiheit oder Tod[5].«

Im Volksrat von Pretoria appellierte der Prediger Paul Krüger an das Gottvertrauen des Auserwählten Volkes: »Der Herr hat dieses Volk in dieses Land verpflanzt und unter Wundertaten bis hierher geleitet. Er wird mit uns sein. Ihr seht im Alten Testament, daß, wenn Tausende von Feinden kommen, um Gottes Volk zu vernichten, das Volk sich verläßt auf Gott, seinen Schöpfer und Erlöser[6].«

Tatsächlich ist der Kriegsverlauf ohne das mystische Selbstwertgefühl der Buren nicht zu erklären. Ihre Streitkräfte waren der britischen Armee im Verhältnis 1:5 unterlegen, dazu von der Außenwelt abgeschnitten. Dennoch dauerte der Krieg zweieinhalb Jahre.

Er begann konventionell. Die Buren, mit modernsten deutschen Mausergewehren und Kruppgeschützen ausgerüstet, ergriffen die Offensive und stießen nach Süden und Westen auf britisches Gebiet vor. Unter dem Jubel Europas wurden die Engländer innerhalb weniger Tage in den Städten Kimberley, Mafeking und Ladysmith eingekesselt, allein in Ladysmith 10000 Mann. Aber die Briten kapitulierten nicht. In Mafeking schickte der britische Kommandeur, der spätere General Baden-Powell, Knaben als Kundschafter durch die burischen Linien. Daraus wurde später die internationale »Boy Scouts«-(Pfadfinder-)Bewegung, Baden-Powell

Einmarsch der britischen Truppen in Pretoria, 5. Juni 1900

ihr erster Präsident.

Im belagerten Kimberley befand sich auch Cecil Rhodes. Er war am Tage des Kriegsausbruchs mit dem Zug eingetroffen. Über das intakte Telegrafennetz sandte er zum Ärger Milners Hilferufe nach Kapstadt. Die Arbeiter und Angestellten seines Diamantenkonzerns stellte er zum Bau von Befestigungen ab. Erst nach vier Monaten wurde die Stadt entsetzt.

An einem anderen Frontabschnitt spielte sich in dieser Kriegsphase eine folgenreiche Episode ab – der Beginn von Winston Churchills Karriere. Der vermögende junge Mann mit dem alten Namen hatte sich, knapp 25 Jahre alt, bei der Londoner »Morning Post« als Kriegsberichterstatter beworben. Er kam voll auf seine Kosten. Beim Versuch, mit einem Panzerzug in das belagerte Ladysmith vorzustoßen, geriet er in burische Gefangenschaft, wobei er in letzter Sekunde Pistole und Dumdumgeschosse verschwinden lassen konnte.

Er wurde nach Pretoria gebracht, floh aus dem Gefangenenlager, schlug sich zur portugiesischen Kolonie Moçambique durch, kehrte

Winston Churchill, Kriegsreporter der Londoner „Morning Post“, neben englischen Soldaten in burischer Gefangenschaft

mit dem ersten Schiff nach Südafrika zurück, wurde bei der Ankunft in Durban stürmisch gefeiert, ging wieder an die Front und war ein Vierteljahr nach seiner Gefangennahme dabei, als die Briten den Belagerungsring um Ladysmith durchbrachen und die eingeschlossene Armee des Generals White entsetzten. Churchill: »Am Ende einer zerschossenen Straße begrüßte uns Sir George White in tadelloser Haltung zu Pferde. Zusammen ritten wir in das ausgehungerte Ladysmith. Am Abend wurden einige wohlverwahrte Flaschen Champagner entkorkt. Ich hatte mich auf Pferdefleisch gefaßt gemacht, aber der letzte Zugochse war zu Ehren dieses Tages geschlachtet worden[7].«

Ausgestattet mit frischem Kriegsruhm reiste der junge Held in die Heimat zurück, um ein Mandat im Unterhaus zu erobern. Die »Khaki-Wahlen« – so genannt nach der neuen Tarnuniform der britischen Armee – standen im Zeichen patriotischen Überschwangs, und Churchill sparte in der »Morning

Post« nicht mit strategischen Ratschlägen an die Regierung: »Die Republiken (der Buren) müssen, ähnlich wie die Konföderierten Staaten im Sezessionskrieg, durch Verschleiß geschwächt werden. Wir sollten überwältigende Truppenmassen zusammenziehen. Südafrika ist die Kosten an Blut und Geld durchaus wert. Mehr fliegende Korps werden gebraucht. Sind denn sämtliche Gentlemen Englands auf Fuchsjagd[8]?«

Die Wähler belohnten den schneidigen jungen Mann: Mit einer knappen Mehrheit von 230 Stimmen (von insgesamt 30000) gewann Winston Churchill sein erstes Unterhausmandat. Als jüngster Abgeordneter zog er in den Tempel der Politik ein. Doch zur Überraschung des Publikums verwandelte er sich in kurzer Zeit vom Kriegstreiber zum Burenfreund.

Der Krieg in Südafrika erhielt unterdessen ein anderes Gesicht. Es zeigte sich, daß die Buren zwar exzellente Reiter und Scharfschützen waren, aber von den Regeln konventioneller Kriegskunst keine Ahnung hatten. Sie besaßen nicht einmal eine reguläre Armee. Ihre Streitkräfte bestanden aus den traditionellen »Kommandos«, einer Bürgermiliz ohne Uniform, die sich seit Gründung der Kapkolonie im Prinzip unverändert erhalten hatte: Die »Bürger« bildeten im Bedarfsfall kleine, bewegliche Reiterverbände (Kommandos), wozu sie Pferde und Waffen selbst mitbrachten. Sie wählten die Offiziere aus ihrer Mitte. Irgendwelche militärischen Umgangsformen gab es nicht. Jeder Einsatz wurde vorher diskutiert. Hatte das Kommando seine Aufgabe erfüllt, gingen die Bürger nach Hause – oft auch schon vorher, wenn sie keine Lust mehr hatten oder die Frau krank war.

Dieses System hatte sich bei den Eroberungsfeldzügen und Strafexpeditionen gegen die »Kaffern« hervorragend bewährt, aber gegen die moderne Militärmaschinerie einer Weltmacht mußte es versagen, jedenfalls in offener Feldschlacht.

Nachdem die Briten Truppenverstärkungen aus Indien in Südafrika gelandet hatten, drangen sie in einer großen Zangenbewegung in die Burenrepubliken ein. General Cronje wurde mit 4000 Mann eingeschlossen und mußte kapitulieren. Im März 1900 wurde die Oranje-Hauptstadt Bloemfontein besetzt, zwei Monate später Johannesburg und Pretoria.

Präsident Paul Krüger wetterte von wechselnden Notquartieren aus per »Zirkulartelegramm« gegen den »Geist des Unglaubens, der überall auftritt wie ein brüllender Löwe, um unsere Menschen wankelmütig zu machen«. Der Prediger-Präsident empfahl den Kommandos »die

Verheißung des Herrn in Psalm 108, der da sagt: ›Die in seinem Namen streiten, werden kluge Taten tun, und der Herr wird sie befreien und ihren Feind vernichten[9].‹«

Doch Gottvertrauen nutzte nun nichts mehr. Die Buren schickten ihren 75jährigen Präsidenten nach Europa, um Hilfe zu holen. Die Delagoa-Bahn, die die Deutschen erst fünf Jahre zuvor gebaut hatten, stellte die letzte Verbindung zur Außenwelt dar. Am 11. September 1900 traf Paul Krüger in Lourenço Marques auf portugiesischem Territorium ein. Königin Wilhelmina der Niederlande ließ den Präsidenten mit dem Kreuzer »Gelderland« abholen – eine letzte Geste der Verbundenheit zwischen dem alten Mutterland und den Nachfahren Jan van Riebeecks.

Europa befand sich zu dieser Zeit in einem Buren-Delirium, allen voran die Deutschen. Auf den Straßen spielten die Kinder »Buren und Engländer« (wobei die Dummen natürlich immer die Engländer waren), es gab Buren-Kundgebungen, Buren-Spenden, Buren-Komitees und deutsche Freiwillige für den Burenkrieg. »Wenn das kleinste verachtetste Kind der Allmutter Germania Wunder tut, was brauchen wir den Slaven zu fürchten!« hieß es in einem der tausend zeitgenössischen Buren-Traktate[10].

Doch der Buren-Präsident erlebte eine bittere Enttäuschung. Zwar bejubelten ihn Tausende von Menschen bei der Ankunft in Marseille und auf allen Bahnhöfen entlang seiner Reiseroute, aber die Regierungen ignorierten den alten Herrn. Er kam nicht einmal bis Berlin, wo er einst von Bismarck und Wilhelm I. so herzlich empfangen worden war. Diesmal ließ ihm Wilhelm II., der ihm jahrelang den Rücken gestärkt hatte, schon in Köln ausrichten, daß er ihn zu seinem Bedauern nicht empfangen könne, da er »auf Jagd« sei. Die Verständigung mit England, so fand Reichskanzler Bülow, war denn doch wichtiger als die »Blutsverwandtschaft« mit diesen südafrikanischen Bauern.

Im Reichstag rief Bülow der tobenden Rechten zu: »Der Politiker ist kein Sittenrichter. Vom Standpunkt der reinen Moralphilosophie kann ich auswärtige Politik nicht treiben, und vom Standpunkt der Bierbank auch nicht[11]!« Wegen dieser Haltung wurde der Kanzler von den Alldeutschen wütend attackiert. »Es war die einzige Zeit meiner ministeriellen Tätigkeit«, schreibt er in seinen Memoiren, »wo ich von polizeilicher Seite ernsthaft darauf aufmerksam gemacht wurde, daß es zu Attentaten gegen mich kommen könnte, weil ich als Feind der Buren gälte. In manchen Zeitungen wurde ich damals abwechselnd ›Lord Bülow‹ und ›Viscount Bülow‹ genannt.

Das sollte blutiger, vernichtender Hohn sein[12].«

Paul Krüger fand Asyl in Holland und später in der Schweiz. Er starb 1904, inzwischen fast völlig erblindet, in Clarens am Genfer See. Sein Leichnam wurde von einem niederländischen Kriegsschiff nach Südafrika zurückgebracht und am »Dingaans-Tag«, dem burischen Nationalfeiertag, in Pretoria beigesetzt.

Nach der gescheiterten Mission Krügers konnte London triumphieren: Der Präsident der Südafrikanischen Republik war verjagt, die Hauptstädte der beiden Burenstaaten besetzt, eine Intervention auswärtiger Mächte nicht mehr zu fürchten. Nach aller Erfahrung hatte England damit gesiegt. Tatsächlich erklärte London im Herbst 1900 den Krieg einseitig für beendet und proklamierte die Annexion der beiden Burenrepubliken. Zur Feier des Tages veranstaltete der britische Oberbefehlshaber Lord Roberts in Pretoria eine große Siegesparade. Doch er irrte sich schrecklich. Der Brand, den Chamberlain prophezeit hatte, loderte jetzt erst auf.

Die Regierungen der beiden Burenrepubliken gingen in den Untergrund, erklärten die Annexion für null und nichtig und organisierten den ersten Guerillakrieg der modernen Geschichte.

Für diesen Krieg brauchten die Buren kein Lehrbuch. Sie hatten immer nur Guerillakriege geführt, ihr Kommandosystem war dafür ideal. Sie bewegten sich wie »Fische im Wasser«, lange bevor Mao Tsetung diese Regel formulierte. Sie kannten jede Bodenfalte und jede Erhebung, sie hatten Rückhalt bei der großen Mehrheit der weißen Bevölkerung, ihre Stützpunkte waren die weit auseinanderliegenden Farmen.

Die britische Armee dagegen, obwohl inzwischen auf über 200000 Mann angeschwollen, konnte unmöglich das ganze riesenhafte Land besetzen. Und wenn sich ihre Truppen auf der baumlosen Steppe einem vermuteten Buren-Stützpunkt näherten, war das Nest längst leer, ehe sie es erreichten.

Drei spätere Premierminister der Südafrikanischen Union organisierten damals den Partisanenkrieg: Luis Botha, deutschstämmiger Generalkommandant der Transvaaler; James Hertzog, Präsident des Obersten Gerichtshofes des Oranje-Freistaates, und Jan Christian Smuts, Cambridge-Absolvent und Staatsanwalt in Pretoria.

Freilich betrachteten sie sich nicht als Partisanenführer, sondern als Generäle der regulären Streitkräfte ihrer Staaten. Doch in der Praxis lief es auf das gleiche hinaus. Die Buren überfielen Nachschubtransporte und Waffenlager, sprengten Eisenbahnlinien und Brücken, besetzten kleine Städte und griffen in Verbänden von mehreren hundert Mann britische Militärlager an, meistens des Nachts und manchmal in erbeuteten Khakiuniformen, von denen sie die blanken Knöpfe abschnitten.

Smuts und Hertzog trugen den Krieg tief ins feindliche Hinterland. Mit 5000 Reitern – aufgesplittert in kleine Kommandos – stießen sie bis zum Atlantik und in die Nähe von Kapstadt vor. Die Regierung mußte über die Kapkolonie, die formal »neutral« war, das Standrecht verhängen, da viele Kapburen offen oder versteckt mit den »Republikanern« sympathisierten – die großburische Idee vom »Afrikaanertum« hatte tiefe Wurzeln in ganz Südafrika geschlagen.

Allerdings blieb die von den Republikanern erhoffte Massenerhebung der Kapburen aus. Insgesamt schlossen sich im Kapland nur etwa 10000 Afrikaaner den Truppen der Republiken an. Da sie britische Untertanen waren, wurden sie von London als Rebellen betrachtet. Wer gefangen wurde, riskierte die standrechtliche Erschießung, desgleichen, wer ein Burenkommando beherbergte oder nicht meldete, selbst wenn sein Sohn oder Bruder dabei war.

Allerdings waren auch die Buren nicht zimperlich. Auf dem Territorium ihrer Republiken jagten sie die »Hands-Uppers« (Leute, die die »Hände hoch« nahmen und mit den Briten kollaborierten) in Werwolf-Manier. General Ben Viljoen statuierte ein Exempel, indem er den Vorsitzenden eines burischen »Friedenskomitees«, Meyer de Kock, der mit der weißen Fahne zu Verhandlungen in sein Lager kam, zum Tode verurteilen und erschießen ließ. Viljoen: »Die Exekution wurde in der gebräuchlichen Weise vollzogen. Der Verurteilte wurde mit verbundenen Augen an den Rand seines Grabes gestellt, und zwölf Bürger feuerten eine Salve auf ihn ab[13].«

Das britische Oberkommando, das den Krieg für »beendet« erklärt hatte, stand dem Guerillakampf hilflos gegenüber. Zwar hatte Lord Roberts schon bald nach seiner Siegesparade angeordnet, jede Farm niederzubrennen, in deren Nähe ein Überfall verübt wurde, aber nachdem immer mehr Leute in London fragten, warum 250000 »Tommies« nicht mit einer »Handvoll Banditen« fertig wurden, mußte

Lord Kitchener, britischer Oberbefehlshaber im Burenkrieg. Er ertrank 1916 auf einer Seereise nach Rußland bei einem deutschen U-Boot-Angriff in der Nordsee.

Lord Roberts den Oberbefehl abgeben. An seine Stelle trat jener Mann, der dem Burenkrieg die Dimension der Unmenschlichkeit verlieh: Horatio Herbert Kitchener. Er erfand den Begriff »Concentration Camp« – jenes kalte Tarnwort, das seinen alle Dimensionen sprengenden Schrecken freilich erst einige Jahrzehnte später unter Hitler erhielt. Für die zivilisierte Welt der Jahrhundertwende stellte allerdings schon Kitcheners vergleichsweise mildes Lagersystem eine unglaubliche Herausforderung dar.

Lord Kitchener hatte zwei Jahre zuvor den Sudan unterworfen. Er betrachtete grundsätzlich alle Nicht-Briten als Menschen zweiter Klasse und die Buren speziell als »unzivilisierte Wilde mit einer dünnen weißen Tünche[14]«. Den Guerillakrieg gedachte er im Stil einer Treibjagd zu beenden. »Hier gibt es keinen richtigen Krieg mehr«, schrieb er an Kriegsminister Brodrick in London, »sondern nur noch Polizeioperationen von beträchtlichem Ausmaß, um verschiedene Banden zu vernichten, die sich mit allen Mitteln ihrer Verhaftung widersetzen. Sie müssen wie wilde Tiere in Käfige getrieben werden, damit man sie fangen kann[15].«

Kitchener meinte das wörtlich. Er begann, den Oranje-Freistaat und große Teile Transvaals durch Stacheldrahtverhaue in Sektoren einzuteilen. Diese Linien wurden in Abständen von ein bis zwei Meilen mit »Blockhäusern« (Holzbunkern) gesichert. Die Blockhäuser waren unter sich durch Kabel verbunden, die bei Berührung Selbstschußanlagen lösten. Es gab zum Schluß 8000 Blockhäuser und 3700 Meilen (6000 Kilometer) Stacheldrahtverhau.

Innerhalb dieser Sektoren (aber auch außerhalb) begann Kitchener systematisch, also nicht mehr als »Strafe« für eine Guerillaaktion, die Farmen samt allem Inventar niederzubrennen, die Ernte zu vernichten, das Vieh fortzutreiben und die Menschen, das heißt Frauen, Kinder und alte Männer, in Lagern zu »konzentrieren«. Dadurch sollte den Guerillas die Operationsbasis, den »Fischen« das Wasser entzogen werden.

Ab November 1900 rollten über die südafrikanischen Eisenbahnstrekken lange Züge mit offenen Güterwagen, in denen die menschliche Fracht zusammengepfercht war. Die Leute durften keine Habe mitnehmen. Sie wurden in der Nähe starker britischer Garnisonen ausgeladen – auf dem nackten Feld. Die Armee stellte Zelte und Decken, sonst nichts. Keine Betten, keine Sitzgelegenheiten, keine Kochge-

Englisches Feldlazarett in einer Burenfarm

schirre, keine Gemeinschaftsküche. An Verpflegung wurden winzige Rationen von Mehl und rohem Büchsenfleisch ausgegeben, keine Frischmilch für die Kinder. In allen Lagern brachen innerhalb kurzer Zeit Epidemien aus.

Der Burenkrieg war der Anfang von vielem, aber dieses ist im Gedächtnis des Jahrhunderts haften geblieben: Zum erstenmal in der modernen Zeit, die so stolz auf ihre Genfer Konvention und die Einrichtung des Roten Kreuzes war, wurde mit einer Zivilbevölkerung wie mit störenden Sachen verfahren, die man aus dem Wege räumt. Nicht die Brutalität schockierte die Welt, sondern die kalte Erbarmungslosigkeit und Pedanterie der »Maßnahmen«.

Insgesamt wurden 118000 Weiße und 48000 Schwarze interniert. Von den Weißen starben nach burischen Angaben in anderthalb Jahren 26000, nach britischer Darstellung 18000. Die »Encyclopaedia Britannica« gibt heute 20000 Tote an. Die meisten Opfer waren Kinder. Über die Toten in den »schwarzen« Lagern gibt es keine Zahlen. Um sie kümmerte sich niemand.

Wenn Lord Kitchener auch zynisch von »Flüchtlingslagern« sprach und dauernd bemüht war, die Todesquote, die zeitweise bis zu 43 Prozent betrug, zu verharmlosen, so führte er die Deportationen doch keineswegs im geheimen aus. Als Nachrichten über die skandalösen Zustände in den Lagern in die Öffentlichkeit drangen, gründeten einflußreiche Damen der englischen Gesellschaft ein »Hilfskomitee für die südafrikanischen Frauen und Kinder« und schickten ihre Delegierte, die Sozialreformerin Emily Hobhouse, in Lord Kitcheners »Concentration Camps«.

Von Emily Hobhouse stammt der authentischste Bericht, denn sie führte ein minuziöses Tagebuch. Im Lager Bloemfontein notierte sie im Januar 1901:

»Hier befinden sich 2000 Menschen, darunter einige Männer und 900 Kinder . . . Ich kann nicht beschreiben, was es heißt, diese Kinder im Stadium des Komas herumliegen zu sehen – wie weggeworfene welke Blumen. Und man steht da und muß das Elend mit ansehen und kann fast nichts tun.

Frau P. hatte sechs Kinder zwischen zwei und 15 Jahren. Sie weiß nicht, wo die Kinder geblieben sind. Sie erwartet ihre Niederkunft in etwa drei Wochen und muß auf der nackten Erde schlafen.

Nächstes Zelt: Ein sechs Monate altes Baby, das sein Leben auf den Knien der Mutter aushaucht. Der Arzt hat ihm morgens Pulver gegeben, aber es hat nichts mehr genommen. Zwei oder drei andere todmatt

Britisches „Concentration Camp“: Das Kind auf dem Stuhl ist bis auf die Knochen abgemagert

und krank im Zelt.
Nächstes Zelt: Ein Kind, das die Masern hatte und aus dem Lazarett entlassen wurde, ehe es wieder gehen konnte, liegt jetzt kreidebleich und matt auf dem Boden, dazu drei oder vier andere.
Nächstes Zelt: Ein 21jähriges Mädchen, sterbend auf einer Bahre, der Vater, ein großer, freundlicher Bure, kniend daneben, während seine Frau im nächsten Zelt zusieht, wie ihr sechsjähriges Kind stirbt und eines von fünf Jahren dahindämmert. Dieses Paar hat schon drei Kinder im Lazarett verloren[16].«
Im April 1901 ist Emily Hobhouse wieder im Lager Bloemfontain. Sie notiert:
»Jetzt sind hier 4000 Menschen, das heißt doppelt soviel wie vor sechs Wochen. Gestern kam ein neuer Transport mit 600 Menschen auf dem Bahnhof an, viele in offenen Güterwagen – ein mitleiderregen-

Das erste Treffen der Gegner: Lord Kitchener und General Botha (mit Reitgerte) 1902 in Middleburg

der Anblick. Es war bitterkalt und hatte die ganze Nacht in Strömen gegossen. Einige Frauen drängten auf den Bahnsteig, um etwas zu essen zu kaufen. Aber die Soldaten erlaubten es nicht. Sie sagten, sie hätten ihre Befehle. Eine sehr blasse Frau sagte uns, sie seien seit zwei Tagen unterwegs, ohne etwas zu essen, und ihre Kinder weinten vor Hunger. Es kommen mehr und mehr. Eine neue Säuberungsoperation hat begonnen[17].«

Es war überall das gleiche. Im März notierte Emily Hobhouse in Kimberley: »Bin heute den ganzen Tag im Lager gewesen. Es ist glücklicherweise nur 20 Minuten zu Fuß vom Hotel entfernt. Es ist das

kleinste Lager, das ich gesehen habe. Die Zelte sind eng zusammengedrängt, alles von einem acht Fuß (2,45 m) hohen Stacheldrahtzaun umgeben, der unüberwindlich sein soll und 500 Pfund gekostet hat. Wachtposten am Tor und innerhalb des Lagers. Keine Krankenschwester; ein leeres, kahles Großzelt, das wohl ein Lazarett darstellen soll; überfüllte Wohnzelte; verbreitet Masern und Keuchhusten; Dreck und Gestank im ganzen Lager; ein Militärarzt, der natürlich nichts von Kinderkrankheiten versteht; fast kein Brennmaterial[18].«

Emily Hobhouse, die 1926 in Bloemfontein in einem Staatsbegräbnis am Fuß des Ehrenmals für die Opfer der Lager beigesetzt wurde, schickte ihren Bericht an das britische Kriegsministerium und schrieb dazu: »Ich nenne dieses Lagersystem eine ungeheure Grausamkeit. Es kann nie aus der Erinnerung der Menschen gelöscht werden. Die Aufrechterhaltung dieser Lager bedeutet glatter Mord an den Kindern[19].«

In England löste der Hobhouse-Report eine Welle des Mitgefühls aus. Der spätere Premierminister Lloyd George sprach im Unterhaus von einer »Politik der Ausrottung gegen die Kinder in Südafrika[20]«, und der liberale Oppositionsführer Campbell-Bannerman erklärte: »Wann ist ein Krieg kein Krieg mehr? Wenn er mit so barbarischen Methoden wie in Südafrika geführt wird[21].«

Doch Kitchener, der selbst nie ein Lager betrat, blieb unbeeindruckt. Als Emily Hobhouse im Oktober 1901 für einen zweiten Report nach Südafrika zurückkehrte, ließ er »das verdammte Weib[22]« bei der Ankunft in Kapstadt verhaften und auf das nächste Schiff nach London setzen. Immerhin besserten sich die Zustände in den Lagern etwas.

Kitchener seinerseits schlug der britischen Regierung folgende Endlösung vor: »Wir haben jetzt mehr als die Hälfte der gesamten Burenbevölkerung entweder als Kriegsgefangene oder in unseren Flüchtlingslagern interniert. Ich würde raten, ihnen nicht die Rückkehr zu gestatten. Ich denke, wir sollten einen Plan ausarbeiten, um sie woanders anzusiedeln. Südafrika wäre dann sicher und böte Raum für britische Kolonisten[23].« Als denkbare Deportationsgebiete nannte der General Niederländisch-Indien (Indonesien), die Fidschi-Inseln oder Madagaskar. Die britische Regierung lehnte diese Idee ab.

Kitcheners Erbitterung wuchs noch, als er einsehen mußte, daß auch seine Konzentrationslager und Stacheldrahtverhaue die burischen Partisanen nicht zur Aufgabe zwingen konnten. Im Februar 1902 war der britische Oberbefehlshaber zu ersten Friedensgesprächen mit dem Generalkommandanten von Transvaal, Louis Botha, in Middelburg zusammengetroffen. Aber das Gespräch endete ergebnislos. Botha forderte die volle Souveränität der Burenstaaten und eine Generalamnestie für die »Kaprebellen«. Beides lehnte Kitchener ab.

Noch entschiedener als Transvaal trat der Oranje-Freistaat für die Fortsetzung des Krieges ein. Der Präsident des Freistaates und politische Kopf des Widerstandes, Marthinus Steyn, erklärte im Oktober 1901 bei einer geheimen Regierungssitzung auf einer Farm: »Alle diese Greuel müssen geschehen, um uns zu einer großen Afrikaaner-Nation zu machen. Wir wollen keinen Frieden schließen, ehe nicht ein vereinigtes Südafrika ausgerufen werden kann[24].«

Der Guerillakrieg ging weiter. Tief in der englischen Kapkolonie operierten immer noch Tausende von Buren, und im März 1902 nahm ein Kommando unter General de la Rey in Transvaal den britischen Divisionskommandeur Lord Methuen gefangen. Die Nachricht warf Lord Kitchener mit einem Nervenzusammenbruch für 36 Stunden aufs Bett.

Jetzt gab London die »Banditen«-Theorie auf und entschloß sich, einen formellen Frieden mit den Regierungen der Burenstaaten zu schließen. Kitchener mußte ihnen freies Geleit nach Pretoria gewähren. Am 12. April 1902 trafen der Oranje-Präsident Steyn und der amtierende Präsident der Südafrikanischen Republik, Schalk Burger, im britischen Hauptquartier ein.

Lord Kitchener und Lord Milner, der nun auch Hochkommissar für die besetzten Republiken war, erklärten den Buren, daß sie sich endgültig mit dem Verlust der Souveränität abfinden müßten. England biete ihnen jedoch die Selbstverwaltung nach dem Muster der Kapkolonie an. Außerdem kam London den Buren in einem entscheidenden Punkt entgegen: Das gefürchtete Prinzip der Rassengleichheit sollte in den einstigen Burenrepubliken nicht eingeführt werden.

Milner wußte, daß dies der archimedische Punkt war, um die Buren zum Frieden zu zwingen. Schon lange vor Kriegsausbruch hatte er an Lord Asquith geschrieben: »Man könnte Südafrika so loyal wie Kanada machen – aber was wäre der Preis? Die Preisgabe der schwarzen Rasse, der wir Schutz versprochen haben, und die Hinnahme von Zuständen, die wir keinen Augenblick in Indien, Ägypten oder irgendeiner anderen Kronkolonie dulden sollten[25].«

Jetzt zahlte England diesen Preis. Der entscheidende Artikel 8 des Friedensvertrages lautete: »Die Frage des Wahlrechts der Eingeborenen wird nicht vor Einführung der Selbstregierung (der neuen Kolonien) entschieden werden[26].« Im Klartext hieß das: Nur die Buren werden darüber entscheiden, ob die Farbigen im Oranje-Freistaat und in Transvaal das Stimmrecht erhalten – womit gleichzeitig gesagt war, daß sie es nie erhalten würden.

Am 15. Mai 1902 trat der letzte Volksrat zusammen, um über das britische Friedensangebot zu entscheiden. Jede der beiden Republiken schickte 30 Delegierte nach Vereeniging am Vaal. Die britische Armee gewährte ihnen freies Geleit. Die Beratungen dauerten zwei Wochen. Die Transvaaler wußten, daß der Krieg nicht mehr zu gewinnen war. Über 100000 Frauen und Kinder saßen hinter Stacheldraht, 30000 Männer waren in Kriegsgefangenschaft, die meisten in außerafrikanischen Lagern in Ceylon, auf den Bermudas, auf St. Helena. Kriegsmüdigkeit machte sich bemerkbar. Mehrere tausend »Hands-Uppers« kämpften inzwischen sogar auf seiten der Engländer. Es war abzusehen, wann der letzte Widerstand zusammenbrechen würde.

Die Delegation des Oranje-Freistaats dagegen war immer noch für die Fortsetzung des Krieges. Die Freistaatler hatten die stolzere Staatstradition, und sie waren am härtesten vom Krieg getroffen worden. Ihr Land war, so Lord Milner, »praktisch eine Wüste«[28]. Sie hatten nichts mehr zu verlieren. Dennoch war es der Freistaatler-General und Partisanenführer Jan Smuts, der den Ausschlag für die Unterzeichnung gab. »Wir repräsentieren die Afrikaaner-Nation«, sagte er, »und wir dürfen die Nation nicht auf dem Altar der Unabhän-

gigkeit opfern[29].«
Die Abstimmung ergab 54:6 für den Frieden. Unter den sechs, die dagegen stimmten, war der Präsident des Oranje-Freistaates. Um die Todesurkunde der Republik nicht unterzeichnen zu müssen, legte er sein Amt nieder. Am gleichen Tag, dem 31. Mai 1902, wurde der »Frieden von Vereeniging« in Pretoria besiegelt. Um 22.30 Uhr kratzten die Federn in Lord Kitcheners Hauptquartier über das Papier. Der Krieg der Weißen war zu Ende. Die Burenrepubliken hatten aufgehört zu existieren.
In den nächsten Tagen kamen über 21000 Soldaten der Republiken aus ihren Verstecken und legten die Waffen nieder – dreimal soviel wie Kitchener geschätzt hatte. 6000 Buren und 22000 Engländer waren gefallen. Die materiellen Kosten des Krieges hat niemand ausgerechnet.
Inmitten des verwüsteten Landes gaben die Goldtrusts und die Börse von Johannesburg vierzehn Tage nach Kriegsende ein Festbankett für den scheidenden britischen Oberbefehlshaber. Dabei brachte Kitchener erstmals eine Art Anerkennung für die Besiegten über die Lippen. »Alles in allem«, sprach er, »halte ich sie für eine männliche Rasse und einen Gewinn von beträchtlicher Bedeutung für das Britische Empire[30].« Als er sich kurz darauf in Kapstadt einschiffte, fügte er hinzu: »Buren und Briten haben die Schrecken des Krieges gleichermaßen kennengelernt. Sie hatten einen guten Kampf (a good fight) und haben sich jetzt die Hände gereicht. Nun arbeiten sie zusammen, um den Schaden wiedergutzumachen[31].«
Aber das war Siegeseuphorie. Ein Jahr zuvor hatte er in einem Anfall tiefer Depression nach London geschrieben: »Ich glaube, daß es viele Generationen dauern wird, bevor sie diesen Krieg vergessen oder vergeben. Sie werden ihre Zeit abwarten, und wenn wir am wenigsten darauf gefaßt sind, werden sie es noch einmal versuchen[32].«
Damit sollte Lord Kitchener recht behalten.

10 England verrät die Farbigen

Der Friede von Vereiniging markiert den Tiefpunkt der burischen Geschichte. Die Republiken waren von der Landkarte verschwunden, ganz Südafrika, vom Kap bis zum Limpopo, war britisch. Cecil Rhodes' Traum von der »roten« Landkarte hatte sich in diesem Teil der Welt erfüllt. Die Idee des Afrikaanertums, einer burischen Nation unter eigener Flagge, schien endgültig gescheitert.

Es sah nicht so aus, als sei der Prozeß noch einmal umkehrbar. Doch genau dies geschah in erstaunlich kurzer Zeit. Zäh und verbissen gingen die Buren daran, nicht nur die Kontrolle über ihre eigenen untergegangenen Republiken, sondern über ganz Südafrika zurückzugewinnen. Es war England selbst, das ihnen den Weg dazu ebnete.

Der Umschwung der britischen Politik kam 1905, als die Liberalen unter Sir Campbell-Bannerman die Regierung übernahmen. Sie hatten die Konservativen jahrelang wegen der brutalen Kriegführung und der harten Besatzungspolitik in Südafrika attackiert. Als sie jetzt an die Macht kamen, sahen die Buren die erste Chance für sich. General Smuts reiste nach London und bat den neuen Premierminister in einem persönlichen Gespräch um die Beendigung des Besatzungsregimes und die Gewährung der vollen Autonomie. Als Gegenleistung versprach Smuts Loyalität gegenüber Großbritannien.

Campbell-Bannerman setzte den entscheidenden Beschluß schon am folgenden Tag im Kabinett durch. Minister Lloyd George, später selbst Premier, sagte über die historische Sitzung: »Es war alles mit einer Zehn-Minuten-Rede erledigt – die dramatischste und wichtigste Zehn-Minuten-Rede unserer Zeit. Zu Anfang waren nur zwei von uns dafür. Aber seine (Campbell-Bannermans) Worte überzeugten das ganze Kabinett. Sie rührten mindestens ein Kabinettsmitglied zu Tränen. Es war die eindrucksvollste Szene, die ich je erlebte[1].«

Kaum hatte England den ehemaligen Burenrepubliken, die nun britische Kolonien geworden waren, die Selbstverwaltung gewährt,

Ex-General und Premierminister Luis Botha

übernahmen die »Bitter-Einders« (die bis zum »bitteren Ende« gekämpft hatten) abermals die politische Führung der Afrikaaner. In Transvaal gründete Ex-General Botha die Afrikaaner-Partei »Het Volk«, und in der Orange-River-Kolonie, wie der Ex-Freistaat jetzt hieß, konstituierte sich unter General Hertzog die Schwesterpartei »Orangia Unie«. Beide Parteien errangen in den ersten Wahlen überwältigende Siege, Botha wurde Premierminister in Transvaal, Hertzog Kabinettsmitglied in der Orange-River-Kolonie. Dank Englands Hilfe saßen die Gegner von gestern wieder im Sattel.

Als nächstes ging London daran, die verschiedenen Territorien Südafrikas zu einem selbständigen Dominium des Britischen Reiches zu vereinen. Der Zusammenschluß lag nicht nur im britischen, sondern auch im burischen Interesse, denn er bot den Buren die Chance, die panafrikaanische Idee wiederzubeleben. »Laßt uns ein einheitliches großes Südafrika aufbauen«, erklärte Ex-General Smuts, »laßt uns hier mit einer Union beginnen, und das Land von der Tafelbucht bis zum Kongo und noch darüber hinaus regieren. Laßt uns Groß-Südafrika errichten[2].«

Dieser Wunschtraum ging freilich nicht in Erfüllung. England beschränkte sich darauf, die beiden alten Kronkolonien – Kapkolonie und Natal – mit den ehemaligen Burenrepubliken Transvaal und Oranje zu verschmelzen. Im Oktober 1908 trat eine Verfassunggebende Versammlung der vier Kolonien zur Gründung der »Südafrikanischen Union« in Durban zusammen. Selbstverständlich bestand die Versammlung nur aus Weißen.

Im Gebiet der Union, dem Territorium der heutigen Republik Südafrika, lebten damals vier Millionen Bantu (Schwarze), 1,27 Millionen Weiße, eine halbe Million »Coloureds« (Mischlinge) und 150000 Inder. Fast alle Mischlinge lebten in der Kapkolonie, fast alle Inder in Natal. Die Weißen stellten nir-

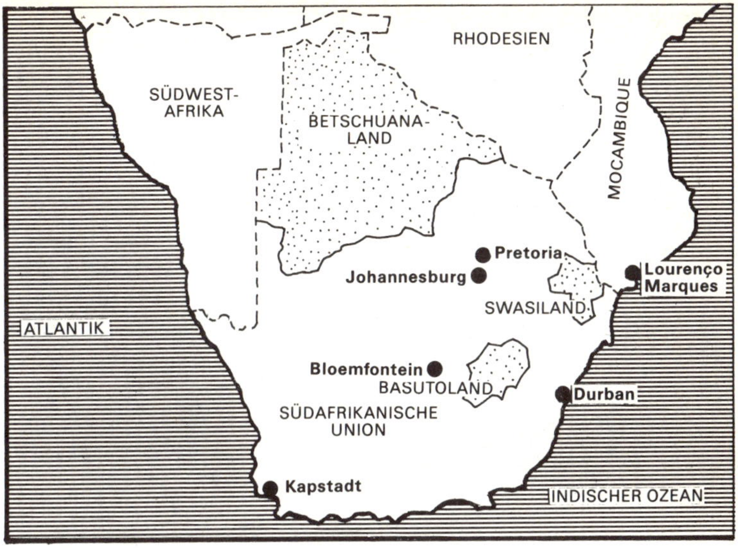

Südafrikanische Union (heute Republik Südafrika)

gendwo mehr als 24 Prozent der Bevölkerung, in Natal sogar nur 8,8 Prozent. Die Frage war, ob nun in der künftigen Union das britische Prinzip der Rassengleichheit oder das burische Prinzip des weißen Herrenstaates gelten sollte.

Im liberalen Süden, in der Kapkolonie, war das Gleichheitsprinzip, obschon in der Praxis arg durchlöchert, immer noch Verfassungsgrundsatz. Es schützte insbesondere die Mischlinge, die dort zahlenmäßig fast ebenso stark waren wie die Weißen. Diese »Cape Coloureds« waren Nachfahren von Weißen und Hottentotten, von Weißen und Sklaven (Schwarzen und Asiaten) und von Hottentotten und Sklaven. Sie waren vollkommen europäisiert und leisteten der Kapkolonie seit Generationen als Polizisten und Soldaten treue Staatsdienste. 1909 stellten sie immerhin zehn Prozent der eingetragenen Wähler und bildeten damit ein ins Gewicht fallendes politisches Potential. 1904 errang ihr prominentester Sprecher, der Arzt Dr. Abdullah Abdurrahman – er war malayischer Herkunft – ein Stadtratsmandat in Kapstadt.

Im burischen Norden dagegen waren den Nicht-Weißen, gleich welcher Schattierungen, alle Bürgerrechte verwehrt. Sie durften weder wohnen, wo sie wollten, noch arbeiten, was sie wollten, weder Grund erwerben noch unbearbeitetes Gold besitzen. Schon 1896 gab es in Transvaal die Rassentrennung in öffentlichen Verkehrsmitteln. Den »Kleurlingen« (Farbigen) war es sogar verboten, »auf den Seitenwegen der Straße zu gehen[3]«.

In der Kapkolonie war nur den weißen Prostituierten der Umgang mit »Eingeborenen« verboten, in Transvaal dagegen nicht nur die Ehe, sondern jeglicher Verkehr zwischen weißen Frauen und schwarzen Männern – die Strafen betrugen fünf Jahre Gefängnis für die Frau und sechs Jahre Gefängnis sowie 50 Stockhiebe für den Mann.

Ein Jahrhundert lang hatten die beiden Prinzipien, das liberale des Südens und das rassistische des Nordens, miteinander im Streit gelegen. Der Norden war schließlich im Burenkrieg unterlegen. Jetzt öffnete die Gründung der Union den Weg zu einer Partnerschaft der Rassen. Es war die letzte Chance, das Grundproblem zu regeln, und es gab viele Männer, die dies erkannten.

Auch die Vertreter des liberalen Prinzips waren natürlich für die weiße Vorherrschaft. Aber sie wollten Kooperation statt Unterdrükkung, begrenzte Partnerschaft statt Sklaverei. Lord Milner, nach dem Krieg oberster Besatzungschef der Burenstaaten, schrieb 1905 an das Colonial Office in London: »Ich glaube, der Versuch, in Südafrika Farbige auf die gleiche Ebene wie Weiße zu stellen, ist völlig undurchführbar und überdies im Prinzip falsch. Aber ich bin auch der Meinung, daß ein Farbiger, wenn er einen bestimmten Zivilisationsgrad erreicht hat, ungeachtet seiner Hautfarbe die sogenannten ›weißen Privilegien‹ bekommen soll[4].«

Seinem Nachfolger, Lord Selborne, schrieb Milner vor der Amtsübergabe, wie sehr er nachträglich die Rassenklausel im Friedensvertrag mit den Buren bedauere: »Hätte ich damals die zügellosen Vorurteile fast aller Weißen – nicht nur der Buren – gegen jede Konzession an den Farbigen, wie zivilisiert er auch sein mag, gekannt, dann hätte ich der totalen Ausschließung nicht nur der rohen Eingeborenen, sondern der gesamten farbigen Bevölkerung von allen bürgerlichen Rechten, selbst in kommunalen Angelegenheiten, nie zugestimmt[5].«

Dr. Leander Jameson, der 1895 die verunglückte Invasion gegen Transvaal unternommen hatte und 1904 Premierminister der Kapkolonie geworden war, brach ebenfalls eine Lanze für die Farbigen: »Die Kapregierung wird sich nicht mit einer Föderation abfinden, deren Vorbedingung in der Opferung der

farbigen Bevölkerung besteht. Unser Ziel ist es, die anderen (südafrikanischen) Staaten auf das politische Niveau der Kapkolonie zu heben, und nicht, die Kapkolonie auf ihr Niveau herunterzudrükken[6].«

Auch liberale Afrikaaner traten für die Gleichberechtigung der Farbigen ein. Ein früherer Premierminister der Kapkolonie, der deutschstämmige Anwalt William Schreiner, reiste sogar während der Tagung der Verfassunggebenden Versammlung mit einer Delegation farbiger Südafrikaner, der auch Dr. Abdurahman angehörte, nach London. In einer Petition beschwor die Abordnung das britische Parlament, keiner Verfassung zuzustimmen, die die burische Rassendiskriminierung auf ganz Südafrika ausdehnte und die Rechte der Farbigen in der Kapkolonie außer Kraft setzte.

»Wir fürchten«, erklärten die Unterzeichner der Petition, »daß die in der Verfassung der Union vorgesehene Rassendiskriminierung die Nachteile verstärkt, die bereits in Transvaal, in der Oranje-Provinz und in Natal bestehen; daß sich der Status der Farbigen und Eingeborenen verschlechtert; und daß denen Unrecht getan wird, die die Mehrheit der Bevölkerung in Britisch-Südafrika stellen und ihre unwandelbare Treue zur Krone bewiesen haben[7].«

J. B. Hertzog: Vorkämpfer der Rassentrennung

Das britische Unterhaus ignorierte den Appell ebenso wie die liberale Regierung. England schien taub zu sein für die Grundsätze, die es einst selbst in Südafrika durchgesetzt hatte. Es dachte nur noch in strategischen Kategorien: Südafrika mußte ein zuverlässiger Pfeiler des Empire werden, denn die Kaproute war die Achillesferse des Reiches und der Witwatersrand sein größter Goldschatz. So opferte England die Rechte der Farbigen, um die Loyalität der weißen Afrikaaner zu gewinnen. Damit war die Tragödie Südafrikas vorprogrammiert.

Die Verfassunggebende Versammlung in Durban, auf der die intransigenten Buren den Ton angaben, strich das Gleichheitsprinzip aus dem Grundgesetz der Südafrikanischen Union. Im künftigen Unionsparlament durften nur Weiße sitzen. In der Kapkolonie verloren die Nicht-Weißen damit das passive Wahlrecht. Zwar behielten sie als einzige in der Union vorläufig noch das aktive Wahlrecht, doch die Verfassung sah bereits vor, daß auch dieses letzte Recht der Kap-Farbigen mit Zweidrittelmehrheit des weißen Parlaments liquidiert werden konnte (was später auch tat-

sächlich geschah).
In den Burenkolonien blieb alles beim alten: es gab weder passives noch aktives Wahlrecht für Nicht-Weiße. Die Interessen der farbigen Bevölkerungsmehrheit der Union wurden formal durch vier weiße Mitglieder des Senats wahrgenommen, die vom Gouverneur ernannt, also nicht gewählt wurden.
So stellte die Konstituierung der Südafrikanischen Union das Ende jener Prinzipien dar, für die Großbritannien einst gekämpft hatte. »Die Weißen«, schrieb der schwarze Friedensnobelpreisträger Albert Luthuli später, »wurden die ausschließlichen Eigentümer des neuen Staates. Die Angehörigen der übrigen Rassen wurden ihnen wie der Viehbestand einer Farm übergeben. Diese Staatsgründung war ein Akt der Piraterie[8].«
Der einzige Punkt, in dem London unnachgiebig blieb, betraf die britischen Protektorate Basutoland (heute Lesotho), Betschuanaland (heute Botswana) und Swasiland. Diese drei Territorien gehörten zu keiner der vier »weißen« Kolonien und hatten ihre Autonomie unter britischer Oberherrschaft bewahrt. Standhaft weigerte sich London, diese Gebiete der Südafrikanischen Union anzugliedern und damit der weißen Herrschaft auszuliefern. Der damaligen englischen Hartnäkkigkeit verdanken die drei Staaten heute ihre Selbständigkeit.
Am 31. Mai 1910, dem Jahrestag des Friedens von Vereeniging, trat die Konstitution der Südafrikanischen Union in Kraft. Der neue Staat war damit ein sich selbst regierendes Dominium des Britischen Empire, wie Kanada, Australien und Neuseeland. Die ehemaligen Teilstaaten verwandelten sich in Provinzen der Union. (Die Orange-River-Kolonie durfte sich sogar wieder Oranje-Freistaat nennen.) Die alte Burenhauptstadt Pretoria wurde Regierungssitz der Union, Kapstadt Sitz des Parlaments. Englisch und Holländisch (später Afrikaans) wurden gleichberechtigte Amtssprachen.
Von Anfang an besaßen die Afrikaaner die politische Vorherrschaft in der Union. Schon bei den ersten Wahlen zum Unionsparlament errang die burische »Südafrikanische Partei« einen überwältigenden Sieg. Louis Botha, bis dahin Premierminister von Transvaal, wurde zum ersten Regierungschef der Union gewählt, und drei seiner berühmtesten Kampfgefährten aus dem Burenkrieg wurden Minister: die Generäle Smuts, Hertzog und De Wet. Acht Jahre nach der Zerschlagung ihrer Republiken hatten die Buren ganz Südafrika in der Hand.
Sie begannen unverzüglich, die burische Rassengesellschaft in der ganzen Union durchzusetzen. Die

weiße Herrschaft sollte mit Hilfe einer Zauberformel für alle Ewigkeit verankert werden. Diese Zauberformel hieß »Segregation« (Trennung) und bedeutete nichts anderes als das später in Mode kommende afrikaanse Wort »Apartheid«.
Der harmlose Wortsinn dieser Formel vernebelte lange die radikale, menschenverachtende, im Kern utopische Idee, die sich dahinter verbarg. Denn Segregation oder Apartheid bedeutete nicht nur die Trennung von Schwarz und Weiß in der Eisenbahn, in den Schulen und Restaurants – eine rassistische Unsitte, die nicht nur in Südafrika, sondern auch in den Südstaaten der USA die Regel war. Segregation und Apartheid bedeuteten sehr viel mehr: nämlich die territoriale Absonderung der schwarzen Bevölkerung und ihre dauerhafte Zurückdämmung auf ein zivilisatorisch niedriges Niveau. Mit anderen Worten: Segregation oder Apartheid war eine Formel zur Aufrechterhaltung der alten burischen Sklavenordnung.
Vorkämpfer der Segregation war General Hertzog, Minister für Eingeborenenfragen im ersten Kabinett der Südafrikanischen Union. Er formulierte seine Politik so: »Die wirtschaftliche Existenz des Eingeborenen beeinträchtigt die des weißen Arbeiters. Der ungelernte weiße Arbeiter wird hier stets eine Ausnahme bleiben, solange für ungelernte Arbeit Eingeborene zur Verfügung stehen. Laßt uns deshalb nicht die ganze Union für uns beanspruchen, sondern nehmen wir einen Teil für die Eingeborenen weg, und lassen wir sie sich dort in Übereinstimmung mit ihrer Natur entwickeln, unter Aufsicht der Unionsregierung[9].«
Die gesetzliche Basis des Systems wurde 1913 mit dem berüchtigten »Natives Land Act« (Eingeborenen-Land-Gesetz) gelegt. Ihm lag der gleiche Gedanke zugrunde, den die Voortrekker schon um die Mitte des vorigen Jahrhunderts in Natal ausführen wollten – alle »überschüssigen« Schwarzen in abgelegene Gebiete zu deportieren.
Der »Natives Land Act« teilte der schwarzen Mehrheit des Landes bestimmte »Reservate« zu, die insgesamt 7,3 Prozent des Staatsterritoriums ausmachten (später wurde das Gebiet auf 13,7 Prozent erweitert). Außerhalb dieser Reservate durften Schwarze fortan weder Grund besitzen noch als Pächter fremdes Land bebauen.
Rund eine Million Schwarze, die als Farmer oder Pächter in dem plötzlich als »weiß« klassifizierten Land lebten, verloren damit ihre Existenzgrundlage. Sie mußten entweder fortziehen oder sich als Tagelöhner auf den weißen Farmen verdingen. Alle Schwarzen, die au-

ßerhalb der Reservate lebten, galten von nun an als Fremdarbeiter, die »eigentlich« in die Reservate gehörten und nur deshalb in den »weißen« Gebieten geduldet wurden, weil sie als billige Arbeitskräfte unentbehrlich waren.

Der zweite Grundstein der Segregation wurde 1923 mit dem »Native Urban Areas Act« (Gesetz über städtische Eingeborenengebiete) gelegt. Auch dieses Gesetz übernahm eine alte burische Einrichtung: das System der »Locations«. Diese Locations waren nichts anderes als Gettos für die schwarzen Arbeiter in den »weißen« Städten Transvaals. Durch das Gesetz von 1923 wurden sie in allen Städten der Südafrikanischen Union obligatorisch eingeführt. Künftig durfte kein Schwarzer mehr außerhalb der Locations wohnen – ausgenommen das schwarze Hauspersonal der Weißen. Jeder Arbeitgeber mußte jeden Schwarzen, den er beschäftigte, registrieren lassen. Kein Getto-Bewohner durfte ohne Arbeitsvertrag sein. Damit verwandelte die Regierung die Masse der Schwarzen in kasernierte Lohnsklaven.

Zusammengenommen bildeten die beiden Gesetze – das Gesetz über die Reservate und das Getto-Gesetz – das Fundament, auf dem der Apartheidsstaat bis heute ruht. Die folgenden Jahrzehnte brachten eine stetige Weiterentwicklung und Verschärfung des Systems.

Der schwarze Widerstand gegen die überfallartige Einführung der Segregation war schwach. Die Mehrheit der damals vier Millionen Bantu lebte in Natal und Transvaal und besaß seit der Unterwerfung durch die Buren und Briten keinerlei politische Rechte mehr. Nur in der Kapprovinz war eine dünne Schicht schwarzer Intellektueller herangewachsen. Die meisten von ihnen waren Zöglinge englischer Missionsschulen, vor allem der Lovedale-Schule in Alice, und hatten in England und den Vereinigten Staaten studiert. Ihre Sprecher, John T. Javabu, Herausgeber einer schwarzafrikanischen Zeitung, und Pfarrer Dr. Walter Rubusana, begleiteten den weißen Liberalen William Schreiner 1909 auf seiner ergebnislosen Bittstellerreise nach London.

Diese Männer waren keine schwarzen Nationalisten, sondern christliche Liberale, die den Dialog mit den Weißen suchten. Sie hofften, die Gleichberechtigung für die Schwarzen durch den allmählichen Aufstieg in die europäische Zivilisation zu gewinnen. Gerade dies aber wollten die burischen Nationalisten nicht. Ihr Ziel war nicht die Assimilierung der Schwarzen, sondern das Gegenteil: die Absonderung.

Als sich die Schwarzen nach Konstituierung der Südafrikanischen Union von jeder Mitwirkung und Entwicklung ausgeschlossen sahen, gründeten sie 1912 die erste schwarzafrikanische politische Organisation, den »South African Native National Congress«. Er wurde später in »African National Congress« (Afrikanischer Nationalkongreß) umbenannt. Sein erster Vorsitzender war der Methodistenpfarrer John L. Dube, ein gebürtiger Zulu.

Pfarrer Dubes erste Aktion galt dem Reservatsgesetz. Nachdem ein Protest bei Premierminister Botha ungehört verhallte, reiste Dube mit einer Delegation nach London. In einer Petition an König Georg V., Oberhaupt und letzte Instanz für alle britischen Untertanen, forderte die Abordnung im Namen der schwarzen Südafrikaner die Rücknahme des Gesetzes.

Die Petition[10], ein Dokument außerordentlicher Klarsicht und politischer Mäßigung, faßte die historische Entwicklung noch einmal zusammen. Die »allerdemütigsten Unterzeichner« erinnerten an Englands Versprechen, vor dem Gesetz »keine Unterschiede der Hautfarbe, Herkunft, der Sprache oder des Glaubens« zu dulden – jene Proklamation von 1843, deren Anerkennung die Voortrekker bei der Besetzung Natals durch die Briten verweigerten. Diese Proklamation der Rassengleichheit, die die Schwarzen als »Charta der britischen Regierung« betrachteten, sei nie erfüllt worden. Die Behandlung der Eingeborenen habe sich im Gegenteil immer weiter von diesen Grundsätzen entfernt. Mit dem Reservatsgesetz habe die südafrikanische Regierung nunmehr »einen Weg beschritten, der unweigerlich in die Katastrophe führen muß«. Es sei der »Beginn einer Politik, deren Endziel die Versklavung der Schwarzen ist«.

»Die Eingeborenen protestieren feierlich gegen jede Politik, die sie in Konflikt mit der weißen Rasse treibt, denn dieser Konflikt wäre von ernsthaften Nachteilen für beide, und wir stellen fest, daß die Politik der Segregation und der Absonderung zu diesem Konflikt führt.«

Die denkwürdige Erklärung wurde zwar vom »Cape Argus« in Kapstadt veröffentlicht, aber von den politischen Instanzen ignoriert. Trotzdem begnügten sich die Schwarzafrikaner noch jahrzehntelang mit Resolutionen, ehe sie zu direkten Protestaktionen übergingen.

Die erste nicht-weiße Volksgruppe, die sich in spektakulärer Weise gegen die Rassendiskriminierung zur Wehr setzte, waren die Inder in der Provinz Natal. Sie galten groteskerweise ebenso als »Natives« (Eingeborene) wie die Schwarzen und unterlagen den gleichen Beschränkungen.

Die Inder waren von englischen Großgrundbesitzern im 19. Jahrhundert als Kontraktarbeiter auf die Zuckerrohrplantagen von Natal geholt worden. Die meisten blieben nach Ablauf der Arbeitsverträge im Land und ließen ihre Familien nachkommen. Jetzt bildeten sie die wohlhabendste und bestorganisierte Gruppe der Nicht-Weißen. Ihr Führer war der junge Rechtsanwalt Mohandas Gandhi, der in England studiert hatte.

Gandhi lebte 21 Jahre in Südafrika, und ohne seine südafrikanischen Erfahrungen wäre er vermutlich nicht der »Mahatma« und Befreier Indiens geworden. Sein Schlüsselerlebnis hatte er 1895 auf einer Eisenbahnfahrt von Durban nach Johannesburg: Obwohl Gandhi, der damals noch ganz und gar westlich eingestellt war, ein Erste-Klasse-Billett gelöst hatte, forderte ihn der Schaffner auf, in den Gepäckwagen umzusteigen. Da Gandhi sich weigerte, mußte er den Zug auf der nächsten Station, in Pietermaritzburg, verlassen. Nie zuvor hatte er eine ähnliche Demütigung erlebt. Er blieb die Nacht über auf dem Bahnhof und dachte nach. »In jener kalten Nacht im Wartesaal der Station Pietermaritzburg«, schreibt sein Biograph Louis Fischer, »begann der 25jährige Advokat, sich als David zu sehen, der den Goliath des Rassenhasses angreift[11].«

Gandhi, bis dahin ein unpolitischer Mensch, startete die erste organisierte Protestkampagne in Südafrika. Er erfand die Technik des »passiven Widerstands«, für die er den indischen Ausdruck »Satyagraha« (Seelenstärke) gebrauchte. Satyagraha bestand darin, die Verbote vorsätzlich zu übertreten und alle Strafen auf sich zu nehmen.

Gandhi und seine Anhänger wanderten zahllose Male in die Gefängnisse. Den Höhepunkt erreichte seine Kampagne 1913. Da es den Indern verboten war, ohne Sondererlaubnis von Natal nach Transvaal zu reisen, marschierten sie in Massen über die Provinzgrenze und ließen sich festnehmen. In öffentlichen Kundgebungen verbrannten sie erstmals die Kennkarten mit der diskriminierenden Rasseneintragung. Schließlich traten die indischen Bergleute in den Kohlengruben Natals in den Streik. Die Regierung brach den Ausstand durch Militäreinsatz. Es gab Tote und Verwundete.

Aber Gandhi trug einen moralischen Sieg davon. Die Unionsregierung lockerte die Bestimmungen für

Ghandi vor seinem Anwaltsbüro in Durban

M.K.GANDHI.
ATTORNEY.

die Inder vorübergehend: Hindu-Ehen wurden für gültig erklärt (bis dahin wurden nicht-christliche Ehen nicht anerkannt), und die Inder durften nun wenigstens von Natal in die Kapprovinz reisen. Die Provinz Transvaal mit dem Wirtschaftszentrum Johannesburg blieb ihnen weiterhin verschlossen. Als Gandhi 1914 Südafrika verließ, seufzte Innenminister Smuts: »Der Heilige geht, hoffentlich für immer!«

Zu dieser Zeit hatte sich die burische Führungsmannschaft bereits gespalten – freilich nicht wegen der Rassenpolitik, sondern wegen der »nationalen Frage«. Die gemäßigte Gruppe um Botha und Smuts hatte sich mit England ausgesöhnt. Sie sahen das Ziel der burischen Politik erreicht: ein vereintes Südafrika unter ihrer Führung, wenngleich unter britischer Flagge. Mehr wollten sie nicht. Die Südafrikanische Union sollte ein loyales Mitglied der britischen Völkerfamilie sein. General Smuts war sogar ausgesprochen stolz darauf, und London betrachtete den einstigen Guerillaführer als die zuverlässigste Stütze der Krone in Südafrika.

Für die Nationalisten dagegen, verkörpert durch die Ex-Generäle Hertzog und De Wet, war jedes Paktieren mit England Verrat. Sie sahen in der Südafrikanischen Union lediglich ein unvermeidliches Übergangsstadium vor der Rückgewinnung der vollen Souveränität. Sie wollten die alte Burenrepublik wiedererrichten. Die fortschreitende »Verengländerung« Südafrikas, das Vordringen der englischen Sprache und englischer Sitten, war ihnen ein Greuel.

Minister Hertzog predigte nicht nur die Trennung von Weiß und Schwarz, sondern auch die Trennung von Weiß und Weiß, von Buren und Anglo-Südafrikanern. 1912 verkündete er die »Zwei-Strom-These«, die getrennte Entwicklung der beiden weißen Volksgruppen – wobei die Afrikaaner selbstverständlich die Richtung angeben sollten. »Das Hauptziel ist, Afrikaaner und Briten zu trennen. Ich habe immer gesagt, daß ich mir unter ›Versöhnung‹ nichts vorstellen kann. Südafrika muß von reinen Afrikaanern regiert werden[12].«

Als Hertzog schließlich noch die Loyalität gegenüber England öffentlich in Frage stellte und erklärte, im Zweifelsfall komme für ihn »Südafrika zuerst«, war er als Minister eines britischen Dominiums nicht mehr tragbar. Botha warf ihn aus der Regierung.

Das war der Anstoß zur Gründung der »Nationalen Partei«, des Sammelbeckens der burischen Nationalisten. Ex-Minister Hertzog wurde ihr erster Präsident. Die Stunde schien günstig zu sein, man schrieb

das Jahr 1914, und die Welt erwartete den Krieg zwischen Deutschland und England, auf den die Buren anderthalb Jahrzehnte zuvor vergebens gehofft hatten.
Die ersten Schüsse in Europa lösten in Südafrika den bewaffneten Aufstand der Nationalisten aus. Als London die südafrikanische Armee beauftragte, Deutsch-Südwestafrika zu besetzen, legte der Oberbefehlshaber der Unionstruppen, General Beyers, sein Kommando nieder. Er weigerte sich, für England zu kämpfen. In einem Schreiben an Premierminister Botha erklärte er: »Es heißt, dieser Krieg werde gegen die ›Barbarei‹ der Deutschen geführt. Aber wir haben die Barbareien, die in unserem Land während des Burenkrieges begangen wurden, nicht vergessen[13].«
Dem meuternden Oberbefehlshaber schlossen sich die alten Kriegshelden De la Rey und De Wet an. Auf der Fahrt von Johannesburg zu einem Militärlager wurde De la Rey im Auto von einer Polizeistreife versehentlich erschossen – die Polizisten glaubten, einen langgesuchten Gangster vor sich zu haben. Der Tod des populären Burengenerals fachte den Aufstand weiter an. Die Rebellen erklärten die Regierung Botha für abgesetzt und riefen die Republik aus. Kommandant Maritz, der die Grenze zu Deutsch-Südwest verteidigen sollte, lief mit 600 Mann zum Feind über.

Nationaler Märtyrer: De la Rey

Premierminister Botha verhängte das Kriegsrecht über die ganze Union, Innenminister Smuts übernahm den Oberbefehl über die Regierungstruppen, um den Putsch niederzuschlagen. Beide Seiten gingen langsam vor, um einen Bürgerkrieg zu vermeiden. Dennoch kam es zu regelrechten Gefechten. Afrikaaner schossen auf Afrikaaner. Es gab 300 Tote. Erst im Dezember 1914, als die Rebellen einsahen, daß die erwartete Volkserhebung ausblieb, gaben sie auf.
Kommandant Maritz floh nach Deutsch-Südwest, General De Wet ergab sich (er mußte für 18 Monate ins Gefängnis), und Beyers ertrank auf der Flucht im Vaal. Mehr als

5000 Gefangene kamen hinter Stacheldraht.

Das letzte Gefecht lieferte Major Jopie Fourie, der als aktiver Offizier zu den Aufständischen übergelaufen war. Smuts ließ ihn von einem Kriegsgericht wegen Hochverrats zum Tode verurteilen und erschießen. Für die Nationalisten wurde Jopie Fourie damit zum Märtyrer und Jan Christian Smuts endgültig zum »Verräter«.

Ex-General Hertzog, der Chef der Nationalen Partei, hatte das Duell aus der neutralen Ecke verfolgt. Eilfertig distanzierte er sich jetzt von den Rebellen, obwohl er im Inneren auf ihrer Seite stand. Sie hatten zu früh losgeschlagen, er wartete seine Zeit ab.

11 Hitlers Freunde ergreifen die Macht

Nach dem Ersten Weltkrieg ging ein Gespenst um in Südafrika – das Gespenst des »armen Weißen«. Plötzlich gab es ein weißes Proletariat, Zehntausende ungelernter Arbeiter, die sich nur in der Hautfarbe von den schwarzen Kulis unterschieden. Es war ein gänzlich neues, in der burischen Weltordnung nicht vorgesehenes Phänomen. Es traf den burischen Herrschaftsanspruch an der Wurzel, denn es erschütterte das Dogma von der gottgewollten Überlegenheit des weißen Mannes.

Ursache des Phänomens war die Landflucht. Der verlorene Burenkrieg, die Industrialisierung und der Geburtenüberschuß spülten die weißen Farmersöhne in die Städte, vor allem in das polypenartig wuchernde Johannesburg. Sie sahen sich in eine fremde Welt katapultiert. Hier wurde nicht Afrikaans, sondern Englisch gesprochen, hier herrschten keine burischen Patriarchen, sondern die internationalen Minenkonzerne, hier zählte nur das Geld und sonst gar nichts, hier mußte man etwas gelernt haben, wenn man gut verdienen wollte.

Die Buren vom »Platteland« hatten nichts gelernt, jedenfalls nichts, was man in Johannesburg gebrauchen konnte. Sie hatten nur ihre Muskelkraft anzubieten. Sie mußten »Kaffernwerk« verrichten – eine Situation, die ihnen eben noch undenkbar erschienen war. Für viele blieb sie auch undenkbar. Sie waren sich zu gut für niedrige Arbeit und hungerten lieber.

»Diese Haltung des Weißen«, stellte eine britische Regierungskommission schon 1906 in Transvaal fest, »beeinträchtigt seine Effizienz als Arbeiter in hohem Maße. Er hat ungelernte Arbeit nie als normale Art der Beschäftigung betrachtet. Wenn er ungelernte Arbeit verrichten muß, tut er es murrend als Kaffernarbeit und infolgedessen ungenügend[1].«

Die weißen Proletarier fühlten sich deklassiert und erniedrigt. Ihre aufgestaute Wut galt gleichermaßen den »Kaffern«, mit denen sie nun auf gleicher Stufe standen, wie den »Juden und Kapitalisten«, die sie für ihre Lage verantwortlich mach-

ten. Es war die gleiche Mentalität, die in Deutschland den Nationalsozialismus hervorbrachte. In Südafrika wurde daraus die burische Spielart des Faschismus.

1922 kam es zur ersten Eruption. Anlaß war ein Beschluß der mächtigen »Chamber of Mines«, der Bergbaukammer, zur Lockerung der Rassenschranke in den Gruben. Mehrere Arbeitsbereiche, die bisher für Weiße reserviert waren, sollten künftig auch den Schwarzen offenstehen. Die Absicht war klar: Die Konzerne wollten Lohnkosten sparen, denn Schwarze verdienten bei

Voortrekker-Denkmal in Pretoria (1949) – Heiligtum des burischen Nationalismus

gleicher Arbeit erheblich weniger als Weiße – ein Prinzip, das heute noch gilt.
Die weißen Arbeiter sahen sich von einer Entlassungswelle bedroht und traten in den Streik. Es bildete sich eine groteske Koalition zwischen dem marxistischen Gewerkschaftsflügel und den radikalen Rassisten. Die burischen Arbeiter demonstrierten mit roten Fahnen, auf denen der Slogan stand: »Proletarier aller Länder, kämpft für ein weißes Südafrika[2]!«
Zu dieser Zeit war Jan Christian Smuts Premierminister. Er hatte das Amt 1919 nach dem Tode Bothas übernommen und begründete die südafrikanische Regierungstradition, Unruhen in Blutbädern zu ersticken. Als im Oktober 1920 schwarze Arbeiter in Port Elizabeth gegen die Verhaftung eines Gewerkschaftsführers demonstrierten, feuerte die Polizei blindlings in die Menge und tötete 24 Menschen. Kurz darauf kam es zu einem Massaker bei Queenstown in der Kapprovinz. Dort hatte eine schwarze Sekte außerhalb der Stadt ein Lager errichtet. Als die Schwarzen den Räumungsbefehl ignorierten, umstellte ein Polizeibataillon das Gelände mit Maschinengewehren und eröffnete das Feuer. Ergebnis: 163 Todesopfer.
Mit der gleichen Erbarmungslosigkeit ging Smuts 1922 gegen die »rote Rand-Revolte« der weißen Bergarbeiter vor. Er schickte die Armee in das Grubengebiet am

Witwatersrand, übernahm persönlich den Oberbefehl und brach den Streik durch den Einsatz von Artillerie und Bombenflugzeugen. In dreitägigen Kämpfen kamen 230 Menschen ums Leben. Vier »Rädelsführer« wurden zum Tode verurteilt und gehängt.

Nachdem Smuts die Streikbewegung auf diese Art zerschlagen hatte, kam er den Forderungen der weißen Aufrührer entgegen: Er stellte die bedrohte »Colour Bar« (Rassenschranke) in der Industrie wieder her und verschärfte sie sogar. Das System der »Job Reservation« (Arbeitsplatzreservierung), das fast alle Facharbeiterbereiche den Weißen vorbehielt, wurde gesetzlich verankert. Außerdem verloren die Schwarzen de facto das Streikrecht, wenngleich es auf dem Papier noch eine Weile fortbestand: Nach dem Industrieschlichtungsgesetz von 1924 galten Schwarze nicht mehr als »Beschäftigte« im Sinne des Gesetzes und waren fortan von allen Vereinbarungen zwischen Arbeitgebern und Gewerkschaften ausgeschlossen. Dadurch wurde die große Masse der Bergarbeiter, die das Gold aus der südafrikanischen Erde holten, auch formaljuristisch zu Lohnsklaven degradiert.

Aber diese Zugeständnisse an die weißen Gewerkschaften konnten Smuts nicht mehr retten. Seit der Zerschlagung der »Rand-Revolte« war er in den Augen der burischen Rechten wie der englischsprachigen Linken als »Werkzeug des britisch-jüdischen Kapitals« abgestempelt. Bei den Wahlen von 1924 erlitt seine Südafrikanische Partei eine schwere Niederlage. Die Koalition aus Nationalisten und Labourpartei errang die absolute Mehrheit im Parlament. Smuts' alter Rivale James Hertzog, Führer der Nationalpartei und Vorkämpfer für die Rassentrennung, wurde Premierminister. Damit begann die Gegenrevolution der Afrikaaner. Sie glich einer Flut, die in immer höheren Wellen gegen die Deiche der Vernunft brandete und schließlich das ganze Land überschwemmte.

James Barry Munnik Hertzog regierte 15 Jahre lang. Der ehemalige Richter und General wurde der Begründer des heutigen südafrikanischen Rassenstaates. Zwar hatten schon die Regierungen Botha und Smuts die Grundlagen für die Rassentrennung gelegt, doch die gesetzlichen Bestimmungen waren lax gehandhabt worden, denn die zunehmende Industrialisierung förderte den natürlichen Trend zur Integration. Hertzog setzte diesem Trend ein hartes »Nein« entgegen.

Seine Politik wurde diktiert von der Urangst des weißen Siedlers vor der »Schwarzen Gefahr«. Schon 1911 schrieb Hertzog: »Mit Schrecken denke ich an die Zukunft, wenn

Rand-Revolte: Nach einem Bombenanschlag am Market Square, Fordsburg

diese Frage (der Rassentrennung) nicht gelöst wird. Unsere Kinder und Kindeskinder werden dann mehr und mehr den Ballast einer niedrigeren Zivilisation spüren, die sie auf das Niveau des Schwarzen herunterzieht, wenn sie nicht irgendwohin auswandern oder sich der vollständigen Auslöschung überlassen[3].«

Auf die Idee, den Schwarzen auf das »höhere Niveau« des Weißen heraufzuziehen, wie es Frankreich und England in ihren Kolonien taten, kam Hertzog nie. Er sagte dem schwarzen Nationalismus ausdrücklich den Kampf an: »Die Eingeborenen sind erwacht und begreifen sich als Nation. Sie werden nie aufhören, das Wahlrecht zu for-

dern. Aber ehe der Weiße sich durch eine Stimmenmehrheit entmachten läßt, wird es Ärger geben[4].«
So verschärfte Hertzog als erstes die politische Repression. Das »Bantu-Verwaltungsgesetz« entrechtete die schwarze Bevölkerung in den Reservaten. Künftig konnte die weiße Unionsregierung die Häuptlinge nach Gutdünken absetzen. Versammlungen durften nicht mehr ohne Genehmigung der weißen Aufsichtsbehörden stattfinden. »Aufstachelung von feindseligen Gefühlen zwischen Eingeborenen und Europäern« wurde zur Straftat erklärt.
Außerhalb der Reservate wurden die bürgerlichen Freiheiten durch das »Gesetz gegen Zusammenrottungen« eingeschränkt. Dieses Gesetz ermächtigte die Regierung, Versammlungen der Farbigen nach Belieben aufzulösen und »Agitatoren« ohne Gerichtsbeschluß von beliebigen Orten fernzuhalten. Es bedeutete praktisch die »Einführung des Kriegsrechts in Friedenszeiten« und die »Schließung aller verfassungsmäßigen Kanäle der Versammlungs- und Meinungsfreiheit[5]« für die Nichtweißen – so der damalige Senator Dr. Edgar Brookes, einer der vier ohnmächtigen Vertreter der Farbigen im südafrikanischen Oberhaus.
Ferner verschärfte Hertzog die Rassentrennung im Bereich des intimsten Menschenrechts. Das »Gesetz gegen die Unmoral« stellte den außerehelichen Geschlechtsverkehr zwischen Weiß und Schwarz in der gesamten Union unter Strafe, sowohl für Männer wie für Frauen. Höchststrafe für Männer, egal ob weiß oder schwarz, fünf Jahre – für Frauen vier Jahre. Mischehen waren theoretisch noch erlaubt, de facto aber tabuisiert.
Parallel zu dieser Lawine von Rassengesetzen lief die »Los-von-England«-Offensive. Demonstrativ entließ General Hertzog die Rebellen von 1914 aus der Haft, allen voran Kommandant Maritz, der damals zu den Deutschen übergelaufen war. Als nächster Schritt wurde Afrikaans, die Sprache der Buren, statt Holländisch als gleichberechtigte Amtssprache neben Englisch eingeführt. Danach gaben die Nationalisten gegen den erbitterten Widerstand der Anglo-Südafrikaner dem Land eine neue Flagge: die alte holländische Prinzenfahne. Sie zeigte im weißen Feld die Flaggen der ehemaligen Burenrepubliken und – als einzige Konzession an die englischsprachigen Südafrikaner – einen kleinen Union Jack.
Schließlich erhielt Südafrika 1931 im Statut von Westminster die vollständige Unabhängigkeit innerhalb des Commonwealth. Das britische Unterhaus verlor sein Vetorecht

gegenüber der südafrikanischen Legislative, und Pretoria konnte nun auch eine selbständige Außenpolitik treiben. Die letzte Bindung an England stellte die Krone dar: Der König blieb nominelles Staatsoberhaupt der Südafrikanischen Union.

Mit dem Statut von Westminster hatte Hertzog sein nationales Ziel erreicht: Die Afrikaaner waren nun auch formell wieder unumschränkte Herren im eigenen Land, die 130jährige Herrschaft Englands beendet, die Niederlage des Burenkrieges getilgt. Hertzog war bereit, nun auch im Innern den Kampf gegen die »Engelse« (Engländer) einzustellen. So nahm er im Rezessionsjahr 1933 seinen alten Gegner Jan Smuts, den Führer der einst so verhaßten »Südafrikanischen Partei«, in die Regierung auf. Ein Jahr später verschmolzen Hertzog und Smuts auch ihre Parteien zur »United Party« (Vereinigte Partei).

Die United Party sollte nach dem Willen von Hertzog und Smuts das »Lager« aller weißen Südafrikaner sein, ob sie nun afrikaans oder englisch sprachen. Doch Hertzog hatte den Widerstand der burischen Rechten unterschätzt. Für sie bedeutete die Verschmelzung Verrat am »wahren« Afrikaanertum. Sie wollten auch die letzte symbolische Verbindung zu England kappen und eine stramme Buren-Republik errichten. Sie wollten nicht vorwärts, sondern zurück. Für sie bestand die »Afrikaaner-Nation« nur aus reinrassigen Buren. Andere Weiße hatten keinen Führungsanspruch.

So brachen die Rechtsradikalen mit ihrem alten Führer Hertzog und organisierten ihren eigenen Heerhaufen, die »Gesäuberte Nationalpartei«. Sie wurde die Keimzelle der heutigen südafrikanischen Regierungspartei.

Führer der »Gesuiwertes« (Gesäuberten) war Hertzogs ehemaliger Innenminister Dr. Daniel Malan, ein Pfarrer der kalvinistischen Kirche und Vorkämpfer der völkischen Bewegung. »Afrikaanertum«, so Malan, »ist nicht Menschenwerk, sondern eine Schöpfung Gottes. Wir haben das göttliche Recht, Afrikaaner zu sein. Unsere Geschichte ist das höchste Kunstwerk des Baumeisters der Jahrhunderte[6].«

Malans Bruch mit der alten Garde der Nationalpartei stellte einen Vorgang dar, der sich in der burischen Geschichte stets wiederholte: Eine radikale Minderheit spaltet sich ab und wird in kurzer Zeit selbst zur Mehrheit, bis eine noch radikalere Gruppe die Führung übernimmt. So war es beim Großen Trek, so wurde Smuts von Hertzog übertrumpft, Hertzog von Malan, Malan schließlich von Verwoerd.

Nationalistenführer Malan in den dreißiger Jahren

Daniel Malan und seine »Gesäuberten« bildeten 1934 nur die Spitze eines Eisbergs. Denn die völkisch-rassische Bewegung des Afrikaanertums mit ihrem religiös motivierten Sendungsglauben besaß außer der politischen Partei eine unsichtbare Basis – den »Afrikaaner-Broederbond« (AB), eine nationalistische Geheimgesellschaft. Sie stellt bis heute das organisatorische Fundament der weißen Rassenherrschaft in Südafrika dar.

Der »Bruderbund« wurde 1918, nach dem Zusammenbruch der nationalistischen Revolte, gegründet. Organisation, Aufnahmeriten und Verfahrensregeln ähneln teils den Traditionen der Freimaurerei, teils den Praktiken einer stalinistischen Partei. Der Bund ist in Zellen organisiert und wird von einem zwölfköpfigen Präsidium, den »Zwölf Aposteln«, geleitet. Nur wer Afrikaans als Muttersprache spricht, kann Mitglied werden. Jeder »Bruder« ist zu strenger Geheimhaltung verpflichtet.

Nur selten drangen Einzelheiten über den Bruderbund an die Öffentlichkeit. Die ersten aufsehenerregenden Enthüllungen stammen von Premierminister Hertzog selbst. Er machte den Bund für die Abspaltung Malans verantwortlich und rechnete 1935 in öffentlicher Rede mit der Geheimgesellschaft ab. Ihr Ziel, so Hertzog, sei die »Afrikaanisierung Südafrikas in allen Lebensbereichen, die Herrschaft des Afrikaanertums über den englischsprachigen Teil der Bevölkerung[7]«.

Dies war selbst dem Mann, der einst die »Zwei-Strom-These« erfunden hate, zuviel. »Wann wird diese wahnsinnige Idee aussterben, daß einige glauben, sie seien von Gott auserwählt, über andere zu herrschen? Ist die Afrikaanernation denn so tief gesunken, daß sie zu Verschwörungen Zuflucht sucht, um Rassenhaß, nationalen Unfrieden und Bruderstreit zu säen? Gibt

es für unsere Kinder kein höheres Ideal als Rassenhaß und Rassenherrschaft[8]?«
Das waren ungewöhnliche Worte für den Vorkämpfer der Segregation. Doch Hertzog wurde die Geister, die er selbst gerufen hatte, nicht mehr los. Der Bruderbund entwikkelte sich in den dreißiger Jahren als Staat im Staate. Er faßte in allen kulturellen und gesellschaftlichen Organisationen festen Fuß, in Klubs, Schulen, Universitäten, Jugendbünden, Wohlfahrtsvereinen, in der Wirtschaft und nicht zuletzt in der kalvinistischen Kirche und in der Beamtenschaft. »Wachsamkeitskomitees« meldeten alle relevanten Vorgänge aus ihren Fachbereichen an die Zentrale. Schließlich griff der Bruderbund nach der politischen Macht. Malans »Gesäuberte Nationalpartei« und der Bund waren weitgehend identisch, und seit Malan sind alle südafrikanischen Regierungschefs aus dem Bund hervorgegangen.
Malan und der Bruderbund propagierten dasselbe politische Programm: den »Christlichen Nationalismus«, einen autoritären Führerstaat nach deutschem Vorbild. Burischer Nationalismus und deutscher Nationalsozialismus hatten ohnehin eine ähnliche ideologische Basis – den gleichen rückwärtsgewandten Blut-und-Boden-Mythos, den gleichen Rassenwahn, den gleichen Feind (die »englisch-jüdisch-bolschewistische« Weltverschwörung), ja fast das gleiche Vokabular.
Der Triumph des Faschismus in Europa gab der radikalen Rechten in Südafrika mächtigen Auftrieb. Am Vorabend des Zweiten Weltkriegs entstand aus Anlaß der Hundertjahrfeier des Großen Treks eine völkische Massenorganisation – die »Ossewa Brandwag« (Ochsenwagen-Brandwache), eine Mischung aus Traditionsverein und faschistischem Kampfverband. Die »OB« war militärisch organisiert und umfaßte rund 300 000 Mitglieder. Ihre Eliteeinheit nannte sich »Stormjaers« (Stürmer). »Wir sind die Soldaten der Republik, die politische Aktionsfront des Afrikaanertums«, erklärte OB-Generalkommandant Johannes van Rensburg[9].
Neben der Ossewa Brandwag gab es kleinere Organisationen, die lupenreine Kopien des deutschen Nationalsozialismus waren: die »Grauhemden« unter ihrem deutschstämmigen Führer Louis Weichardt, der später Senator in der Republik wurde, und die »Neue Ordnung«, eine Gruppe unter Führung des deutschstämmigen Verteidigungsministers Oswald Pirow.
Pirow begrüßte den deutschen Kreuzer »Emden« (Kommandant Karl Dönitz) bei einem Flottenbesuch im Jahre 1935 mit den Wor-

ten: »Zu einer Zeit wie der gegenwärtigen, in der die farbige Flut immer höher steigt, ist die tatkräftige Unterstützung eines starken Deutschland (für uns) unerläßlich ... In diesem Sinne darf ich wohl die Erwartung aussprechen, daß Deutschland bald wieder eine Kolonialmacht werden möge[10]!«
Einige Jahre später besuchte der Minister den deutschen Führer auf dem Obersalzberg. Es war im November 1938, kurz nach den Judenpogromen der »Reichskristallnacht«. Pirow setzte sich bei Hitler im Auftrag des britischen Premierministers Chamberlain für eine »friedliche Regelung« der Judenfrage ein. Als Gegenleistung bot er abermals an, sich für die Rückgabe Deutsch-Südwestafrikas zu verwenden.

Im Unterschied zu Pirow, der immerhin Regierungsmitglied war, gab sich die nationalistische Rechte um Malan und den Bruderbund offen antisemitisch. Ihre Zielscheibe waren damals die jüdischen Flüchtlinge aus Deutschland, denen die Regierung Hertzog/Smuts Asyl bot. Oppositionsführer Malan forderte einen gesetzlichen Stopp der Einwanderung. Der spätere Premierminister Verwoerd, damals Professor an der Universität Stellenbosch, überreichte Smuts eine Protestresolution von fünf Kollegen mit demselben Ziel, und der spätere Außenminister Louw erklärte noch 1946: »Wenn die Juden irgendwo ein eigenes Land finden, werden wir ihnen keine Schwierigkeiten in den Weg legen, vorausgesetzt, es ist nicht zu nahe bei Südafrika. Ich hoffe, sie werden dort so glücklich und erfolgreich, daß sie nie mehr nach Südafrika zurückkehren[11].«

Als in Europa der Zweite Weltkrieg ausbrach, teilte sich Südafrika, wie schon 1914, in zwei Lager. Die einen waren für, die anderen gegen England, und das hieß 1939 für oder gegen Hitler. Der Riß ging mitten durch die Regierung. Premierminister Hertzog war für Neutralität, sein Stellvertreter Smuts für den Kriegseintritt Südafrikas an der Seite Englands. Der Premier ließ im Parlament abstimmen. Er unterlag mit 76 gegen 80 Stimmen. Es war das politische Ende Hertzogs. Nach 15 Regierungsjahren trat er zurück und räumte Smuts zum letztenmal das Feld.

Doch trotz des Bruchs ließ sich Hertzog nicht mehr vor den Wagen der extremen Rechten spannen. Zwar schloß er sich vorübergehend mit Malan zur »Wiedervereinigten Nationalpartei« zusammen, aber schon auf dem folgenden Kongreß der Nationalen kehrte er ihnen endgültig den Rücken – die ganze Richtung paßte ihm nicht mehr. 1942 starb er, politisch vereinsamt, auf einer Farm in Transvaal.

Premierminister Churchill und Feldmarschall Smuts 1942 in Kairo

Dr. Malan war nun endgültig der Führer der »nationalen Opposition«. 1941 wurde er auf dem Parteitag von Bloemfontein zum »Volksleier« (Volksleiter) gekürt und mit autoritären Vollmachten ausgestattet. Zum Zeichen seiner Macht überreichte ihm die Ossewa Brandwag einen Sjambok, die burische Nilpferdpeitsche.

Smuts führte unterdessen seinen letzten Krieg. Es war der Höhepunkt seines Lebens. Er schickte die südafrikanische Armee nach Äthiopien gegen die Italiener, nach Madagaskar gegen die Franzosen und nach Nordafrika gegen die Deutschen. Mit 70 Jahren war er Regierungschef, Außenminister, Verteidigungsminister und Oberbefehlshaber in einer Person. Churchill, mit dem er seit Jahrzehnten befreundet war, ließ ihn außerdem zum Feldmarschall und zum Mitglied des Empire-Generalstabs ernennen. Smuts pendelte zwischen Pretoria, London und den Kriegsschauplätzen hin und her, nahm an den Sitzungen des britischen Kriegskabinetts teil und sprach vor beiden Häusern des britischen Parlaments.

Doch während er mit Ehrungen überhäuft wurde, blieb die Truppe glücklos: 13000 Südafrikaner mußten 1942 im eingekesselten Tobruk die Waffen vor Rommels Panzerarmee strecken. Zudem hatte Smuts alle Mühe, die Heimatfront zusammenzuhalten, denn ungeniert paktierte die radikale Rechte mit dem Feind.

Die gesamte Kernmannschaft des späteren Apartheidregimes zählte zu Hitlers Bewunderern. Mit Malan nahm das Reichsaußenministerium mitten im Krieg über einen in Lourenço Marques (Moçambique) stationierten V-Mann Verbindung auf. »Malan gab die Versicherung, daß er ganz in unserem Sinne aufbauen und arbeiten wolle«, heißt es in einem Bericht an das Reichsaußenministerium[12].

Der spätere Premierminister Verwoerd war zu jener Zeit Chefredakteur des nationalistischen Parteiorgans »Die Transvaaler«. Er mußte sich von der englischsprachigen Johannesburger Zeitung »The Star« den Vorwurf der Nazipropaganda gefallen lassen. Als Verwoerd gegen den »Star« klagte, verlor er den Prozeß. Das Gericht befand: »Er unterstützte die Nazipropaganda, er machte aus seiner Zeitung ein Werkzeug der Nazis in Südafrika, und er wußte es[13].«

Auch der Nachfolger Verwoerds, John Vorster, galt damals als gefährlicher Faschist und Staatsfeind. Er war »General« der Ossewa Brandwag von Port Elizabeth, der bedeutenden Hafenstadt am Indischen Ozean, und sprach auf Massenkundgebungen in der ganzen Kapprovinz. So erklärte er öffentlich: »Wir kämpfen für den Christlichen Nationalismus, der ein Verbündeter des Nationalsozialismus ist. Man kann das antidemokratische Prinzip Diktatur nennen, wenn man will. In Italien heißt es Faschismus, in Deutschland Nationalsozialismus, und in Südafrika Christlicher Nationalismus[14].«

Als die nationalistische Rechte schließlich zu Sabotageaktionen überging und Anschläge auf Polizeistationen und Hochspannungsleitungen verübte, ließ die Regierung Tausende von Nazisympathisanten internieren. John Vorster, von Zivilberuf Anwalt, wurde am 23. September 1942 verhaftet und als Nummer 2229/42 in das Internierungslager Koffiefontein im Oranje-Freistaat eingegliedert. Dort blieb er bis zum 11. Februar 1944. Anschließend wurde er unter Hausarrest gestellt.

Obersalzberg 1938: Reichsaußenminister von Ribbentrop geleitet den südafrikanischen Verteidigungsminister Pirow zur Audienz bei Hitler

Wie weit die ganze Nationalpartei[15] inzwischen auf faschistischen Kurs gegangen war, zeigte sich, als sie 1942 einen Verfassungsentwurf vorlegte, der nichts weniger bedeutete als die Umwandlung Südafrikas in einen rassistischen Führerstaat. Der Staatspräsident sollte »direkt und nur Gott allein verantwortlich« sein. Die Staatsbürgerschaft sollten nur solche Weiße erhalten, »von denen erwartet werden kann, daß sie sich um den Aufbau der Nation verdient machen«.

Artikel 8 enthielt das spätere Apartheidsprogramm: »Alle farbigen Rassengruppen sollen (von den Weißen) getrennt werden, nicht nur in bezug auf ihren Wohnsitz, sondern auch in bezug auf die Arbeit. Den Mitgliedern dieser Gruppen kann jedoch das Betreten des weißen Gebietes unter gesetzlichen Kontrollen gestattet werden, wenn es die Erhöhung des Arbeitspotentials erfordert[16].«

Allerdings mußte Oppositionsführer Malan noch sechs Jahre auf die Machtergreifung warten. Hitlers Niederlage war auch für die Rechtsradikalen in Südafrika ein schwerer Schlag. Die Idee vom burischen Führerstaat verschwand vorerst in der Schublade, aber das Schlagwort von der »Schwarzen Gefahr« überlebte den Zusammenbruch des europäischen Faschismus – ja, es erwies sich sogar als beste Zugnummer der Nationalisten nach dem Krieg.

Damals geriet das bereits bestehende Rassentrennungssystem ins Wanken. Die Bevölkerung hatte sich innerhalb von 25 Jahren verdoppelt – von sechs auf zwölf Millionen –, und die schnelle Industrialisierung pumpte mehr und mehr schwarze Arbeitskräfte in die Städte. Die Wirtschaft konnte gar nicht mehr auf sie verzichten, selbst wenn sie gewollt hätte. Die einzig logische Antwort auf diese Entwicklung hieß Integration. Selbst Premierminister Smuts, sein Leben lang Verfechter der Segregation, schlug am Ende seiner Laufbahn einen neuen Ton gegenüber den schwarzen Südafrikanern an – schließlich gehörte er zu den Autoren der UN-Charta, die die Rassendiskriminierung ausdrücklich verurteilte. »Die Schwarzen tragen dieses Land auf ihrem Rücken«, sagte er[17].

Malans oppositionelle Nationalpartei wartete dagegen mit einem neuen Schlagwort auf – »Apartheid«. Es war die afrikaanse Übersetzung von »Segregation«, aber es bedeutete mehr: radikalere Rassentrennung als je zuvor. Der Ausdruck, heute das international bekannteste Wort der afrikaansen Sprache, war bis dahin nicht einmal im Wörterbuch zu finden. Doch Malan machte es zur politischen

Waffe.

Für Mai 1948 waren Wahlen angesetzt. Malan führte den Wahlkampf mit dem neuen Schlagwort. Niemand kann ihm vorwerfen, nicht aufrichtig gewesen zu sein. Klar und deutlich erklärte er, was er vorhatte: die vollständige und radikale Trennung der Rassen in einer fortgeschrittenen Industriegesellschaft und die Aufrechterhaltung der unbegrenzten weißen Suprematie: »Wird die europäische Rasse imstande sein, ihre Herrschaft, ihre Reinheit und ihre Zivilisation aufrechtzuerhalten, oder wird sie im schwarzen Meer dahintreiben, bis sie ehrlos untergeht[18]?«

Es war die alte, die falsche Frage. Nie hatten sich die Afrikaaner gefragt, wie Weiß und Schwarz zusammen leben könnten. Sie hatten immer nur gefragt, wie sie ihre Gewaltherrschaft aufrechterhalten könnten.

Die Wahl von 1948 war der »Point of no return«, die letzte Chance, den Kurs zu ändern. Südafrika verpaßte die Wendemarke. Malans Nationalpartei errang die Mehrheit im Parlament. Es war ein denkwürdiger Tag. »Ab heute ist Südafrika wieder unser«, erklärte Daniel Malan, »gebe Gott, daß es immer unser bleibe[18].« Unter Führung des kalvinistischen Predigers trat Südafrika den Marsch in den permanenten Rassenkrieg an. Mit sektiererischem Fanatismus verwirklichten die burischen Nationalisten ihre absurdeste Staatsidee.

12 Das System Apartheid

Als die Nationalpartei 1948 die Macht übernahm, proklamierte sie eine Fata Morgana zum Ziel ihrer Politik – das alte burische Trugbild vom »Weißen Südafrika«. Wie viele andere erklärte damals der frisch gewählte Senator Hendrik Verwoerd im südafrikanischen Ober-Haus: »Ich möchte unzweideutig klarstellen, daß Südafrika des weißen Mannes Land ist und daß der Weiße in diesem Lande der Herr bleiben muß[1].«

Dieser Satz umreißt die Lebenslüge der Buren, den großen Selbstbetrug, der ihre ganze Geschichte begleitet. Denn Südafrika war nie des weißen Mannes Land. Zu keinem Zeitpunkt bildeten die Weißen die Mehrheit in dem von ihnen kontrollierten Territorium. Im Gegenteil: Das Verhältnis verschob sich ständig zu ihren Ungunsten. 1904 stellten sie noch 21,5 Prozent der Bevölkerung, heute sind sie auf 16,7 Prozent abgesunken.

Trotzdem machten die burischen Nationalisten 1948 die Phantasmagorie vom »Weißen Südafrika« zum Regierungsprogramm. Das System »Apartheid« sollte die Fata Morgana in Realität umsetzen. Später, als das Wort Apartheid in Verruf kam, wurde es durch Euphemismen wie »Getrennte Entwicklung« oder »Multinationale Entwicklung« ersetzt. Doch das System blieb immer das gleiche. Es wurde in drei Stoßrichtungen vorangetrieben:

1. radikale Trennung der Rassen;
2. politische und soziale Entrechtung der Farbigen;
3. Errichtung eines Polizeistaates, um den Aufstand der 83 Prozent gegen die 17 Prozent zu verhindern.

Um eine säuberliche Rassentrennung in die Praxis umsetzen zu können, wurde 1950 durch das erste Basisgesetz der Apartheid ein Rassenregister für die gesamte Bevölkerung angelegt, und zwar nach der Klassifizierung »Weiß«, »Coloured« (Mischlinge), »Asiaten« und »Bantu« (schwarz) – wobei die Reihenfolge der sozialen Stufenleiter des Apartheidstaates entspricht. Im Zuge der Verfeinerung des Systems wurden Mischlinge und Asia-

Das andere Gesicht Südafrikas: Schwarze Arbeiter auf der Fahrt vom Getto Soweto nach Johannesburg

ten später in mehrere Untergruppen aufgeteilt.
»Ämter für Rassenklassifizierung« entschieden in langwierigen Appellationsverfahren über die zahllosen Grenzfälle unter den Mischlingen. Für die Betroffenen haben die Spruchkammerbescheide den Charakter von Gottesurteilen, denn sie legen die Einstufung in das Kastensystem für alle Zeiten fest. Allein in den ersten 15 Jahren wurden über 250000 Fälle entschieden, und die Arbeit ist immer noch nicht abgeschlossen. 1974 wurden 120 Personen »umgestuft«, darunter zehn von »weiß« zu »coloured« und 33 von »coloured« zu »weiß«[2]. Der Rest betraf Umstufungen innerhalb der nicht-weißen Gruppen.
Die Rassenzugehörigkeit wird in den Personalausweis eingetragen, den alle Südafrikaner mit sich führen müssen. Durch zahlreiche Gesetzesverschärfungen wurde aus dem Paß für die Schwarzen inzwischen ein umfängliches »Referenzbuch«, das außer den Identitätsangaben auch Arbeits- und Steuernachweise enthält und monatlich vom Arbeitgeber abgezeichnet werden muß. Wer das Buch nicht vorzeigen kann, wird auf der Stelle verhaftet. »Vergehen gegen das Paßgesetz« ist das häufigste Delikt in

Der Schwarze als Blindenführer – ein Stock hält ihn auf Distanz

Südafrika. 1974 wurden nach amtlichen Angaben 214368 Männer und 60273 Frauen allein aus diesem Grund festgenommen.

Die Gesetzeslawine, die mit dem Apartheidsystem über Südafrika hereinbrach, räumte zuerst mit den Überresten britischer Liberalität auf. Bis dahin besaßen die Mischlinge und Inder noch gewisse Rechte und waren weniger diskriminiert als die Schwarzen. Damit machte das Apartheidregime Schluß. Es gab nur noch Herren und Diener, »Blankes« (Weiße) und »Nie-Blankes« (Nicht-Weiße).

Die »Nürnberger Gesetze« der Apartheid verboten die bis dahin nominell noch erlaubte Eheschließung zwischen Weißen und Nicht-Weißen und stellten den außerehelichen Verkehr zwischen Menschen verschiedener Hautfarbe unter Strafe. Vorher galt nur die Beziehung zwischen Weiß und Schwarz als Delikt, jetzt waren auch Beziehungen zu Mischlingen und Indern strafbar – ein in der Welt beispielloses Gesetz. Die Höchststrafe beträgt sieben Jahre Gefängnis.

Ein weiteres Grundgesetz der Apartheid betraf das Schulwesen für die Schwarzen. Da die Bantu praktisch seit jeher von den öffentlichen Schulen ausgeschlossen waren, lag die Bildung der farbigen Bevölkerungsmehrheit in den Händen der Missionsschulen und war damit der Regierungskontrolle entzogen.

Diese Schulen wurden 1953 durch das »Bantu-Erziehungsgesetz« verstaatlicht und dem Bantu-Ministerium unterstellt. Den Sinn der Maßnahme erläuterte Hendrik Verwoerd, seit 1950 Bantu-Minister unter Malan, im Parlament:

»Wenn ich die Kontrolle über die Bantuerziehung habe, werde ich sie so reformieren, daß den Eingeborenen von Kindheit an beigebracht wird, daß die Gleichheit mit den Europäern für sie nicht in Frage kommt ... Leute, die an die Gleichheit glauben, sind als Lehrer für die Eingeborenen unerwünscht ... Wenn mein Ministerium die Bantuerziehung kontrolliert, wird es wissen, für welche Art höherer Bildung ein Bantu geeignet ist und ob er im Leben eine Chance hat, sein Wissen anzuwenden[3].«

Wohlweislich wurde bis heute keine Schulpflicht für die Schwarzen eingeführt, sondern der Schulbesuch im Gegenteil für sie erschwert. Während die Weißen kostenlos Lehrmaterial erhalten, müssen die Schwarzen jedes Schulbuch bezahlen. Während bei den Weißen auf je 20 Schüler ein Lehrer kommt, beträgt das Verhältnis bei den Schwarzen 50:1, und während bei den Weißen 35 Prozent der Schüler die Oberschule besuchen, sind es bei den Schwarzen nur sechs Prozent.

Daniel Malan, der Erbauer des Apartheid-Staates

Schwarze Homelands in Südafrika (Flächen mit Punkten)

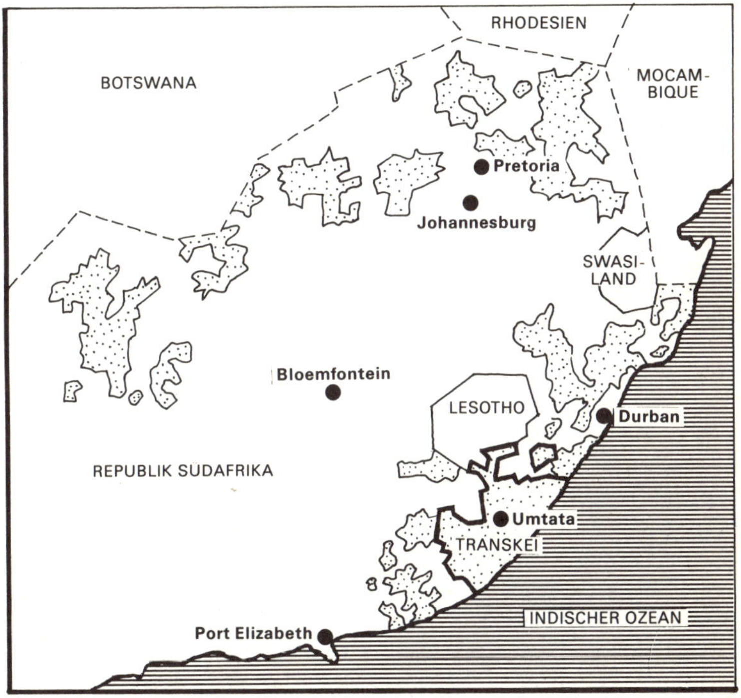

Um die Rassentrennung im Erziehungswesen zu vollenden, wurden 1960 mit enormem Kostenaufwand gesonderte Universitäten für Schwarze, Mischlinge und Inder gegründet. Selbstverständlich besteht auch in diesen Universitäten das Gros der Professoren und Assistenten bis heute aus Weißen, und selbstverständlich findet nur ein verschwindend geringer Prozentsatz der Farbigen Zugang zu den Hochschulen. Den insgesamt 70000 weißen Studenten stehen knapp 8000 schwarze gegenüber, obwohl in Südafrika viermal soviel Schwarze wie Weiße leben.

Parallel mit diesen Basisgesetzen wurde in den fünfziger Jahren die »Petty Apartheid«, die »kleine« Rassentrennung, in allen Bereichen des öffentlichen Lebens durchgesetzt – von den Kinos, Restaurants und Verkehrsmitteln über den Sport bis in die Krankenhäuser. Sogar in den Museen wurden verschiedene Besuchstage für Weiße und Nicht-Weiße eingerichtet.

Doch alle diese Maßnahmen waren nur ein Vorspiel. Denn die Idee der Apartheid zielte im Kern darauf ab, die Nicht-Weißen in ein riesiges Gefängnis zu sperren. Die Fundamente dafür existierten bereits. Es waren die ländlichen Bantu-Reservate und die städtischen Gettos. Um die Fiktion vom »weißen« Südafrika zu retten, erklärte die Regierung Malan die Reservate zu »Homelands« (Heimatländern) der Bantus und den Rest des Landes (86 Prozent der Fläche) zum »Weißen Gebiet« – mit großem W.

Die Bezeichnung »Weißes Gebiet« war vollkommen irreal: Die Weißen stellten auch dort nur 26 Prozent der Bevölkerung, denn fast zwei Drittel der Schwarzen leben außerhalb der Homelands. Die Teilung Südafrikas in ein »Weißes Gebiet« und in schwarze Homelands hatte auch nur den Sinn, die schwarze Bevölkerung außerhalb der Homelands endgültig zur Helotenklasse herabzudrücken.

Die Homeland-Doktrin bildet das Kernstück des Apartheidsystems. Sie wurde noch vor der Machtergreifung der Nationalpartei von einer Gruppe burischer Politologen und Soziologen formuliert, die 1947 an der Universität Stellenbosch das »Südafrikanische Büro für Rassenangelegenheiten« (SABRA) gründeten. Dieses Institut entwickelte sich zum ideologischen Bannerträger der Apartheid. Sein Cheftheoretiker war der deutschstämmige Anthropologe Dr. Werner Max Eiselen, später Staatssekretär unter Hendrik Verword im Bantu-Ministerium. Kernsatz seiner Theorie: »Alle Bantus haben ihre feste Heimat in den Reservaten. Ihr Übertritt in andere Regionen und Stadtgebiete ist lediglich vorübergehender Natur und geschieht aus wirtschaftlichen Gründen. Mit anderen Worten: Als Arbeitssuchende werden sie hereingelassen, als Siedler nicht. Sie können daher außerhalb der Bantu-Reservate weder Grundbesitz noch politische Rechte haben[4].«

Diese Doktrin ist seit der Machtübernahme der Nationalpartei im Jahre 1948 unwandelbare Leitlinie der Regierungspolitik. Sie machte alle Schwarzen außerhalb der Reservate, die Mehrheit also, zu Fremden im eigenen Land. Sie enthält als Endlösung die Drohung, alle Schwarzen in die »Heimatländer« abzuschieben und damit 70 Prozent der südafrikanischen Bevölkerung auf 13,7 Prozent des Territoriums zusammenzupressen.

Der Begriff »Heimatländer« ist genauso irreal wie der Begriff »Weißes Gebiet«. Denn die früheren Eingeborenenreservate waren nur noch klägliche Reste der alten Stammesgebiete. So bilden die schwarzen Homelands – auch »Bantustans« genannt – einen grotesken Fleckerlteppich auf der Landkarte Südafrikas. Insgesamt gibt es neun Bantustans, aber sie setzen sich aus 82 verstreuten Landfetzen zusammen, die oft kleiner sind als ein deutscher Landkreis. Allein das »Heimatland« der Zulus, Kwazulu, besteht aus 29 unzusammenhängenden Gebieten. Nur das kleinste Homeland, Basotho-Qwaqwa, bildet ein einheitliches Territorium: Es ist etwa so groß wie der bayerische Landkreis Starnberg (457 Quadratkilometer) und hat 24000 Einwohner.

Keines dieser Bantustans ist aus eigener Kraft lebensfähig. Das stellte schon eine von der Regierung eingesetzte Expertenkommission unter Vorsitz des renommierten Wirtschaftswissenschaftlers Tomlinson fest, die in den fünfziger Jahren einen Entwicklungsplan für die Homelands ausarbeiten sollte. Ihr Fazit: »Ganz allgemein gilt, daß die Ernteergebnisse in den Homelands extrem niedrig sind, die Produktivität weiter ab- und die Bodenerosion zunimmt. Folgen sind eine stetige Zunahme von Unterernährung und Krankheiten bei Mensch und Vieh[5].« Die Kommission empfahl deshalb die Einführung moderner Landwirtschaftsmethoden sowie die Industrialisierung der Homelands: Jährlich müßten 50000 neue Arbeitsplätze geschaffen werden.

Bantu-Minister Verwoerd lehnte jedoch die Industrialisierung der Homelands ab: »Apartheid ist Wachstum aus den eigenen Wurzeln, den eigenen Strukturen und aus eigener Kraft. Das ist eine Politik der langsamen Entwicklung[6].«

Dennoch wurden dic Homelands im Lauf der Zeit zu »autonomen«

Staaten hochstilisiert. Pretoria setzte »gesetzgebende Versammlungen« und »Selbstverwaltungen« ein und übertrug 1976 der Transkei, dem Homeland der Xhosa, als erstem Bantustan die »Unabhängigkeit« – eine Souveränität, die von keinem Staat außerhalb Südafrikas zur Kenntnis genommen wurde.

Hand in Hand mit der Aufwertung der Homelands ging – getreu der Doktrin von Professor Eiselen – die Entrechtung der Farbigen im »Weißen Gebiet«. 1950 wurde allen Nicht-Weißen, auch den Mischlingen und Indern, das Grundrecht der Freizügigkeit entzogen. Das »Gruppenwohngesetz« (Group Areas Act) bestimmte, daß kein Farbiger mehr außerhalb staatlich festgesetzter Gebiete wohnen durfte. In allen südafrikanischen Städten wurden an Stelle der alten »Locations« neue, abseits gelegene »Townships« (wörtlich: Stadtviertel) für die Schwarzen gebaut.

Diese »Townships« sind strategisch angelegte, übersichtliche und leicht abzuriegelnde Gettos. Sie haben den Charakter von gigantischen Arbeitslagern, und dies ist durchaus beabsichtigt. Denn kein Schwarzer

Standardwohnhaus in Soweto: Kein Strom, keine Dusche, kein warmes Wasser.

soll hier Heimatgefühle entwikkeln.
Die Baracken sind genormt. Sie bestehen meist aus unverputzten Steinwänden mit Wellblech- oder Asbestdach. Die meisten haben keinen Stromanschluß, kein warmes Wasser, keine Dusche. Die maximale Wohnfläche beträgt 30 Quadratmeter für eine Vier-Zimmer-Baracke. Die durchschnittliche Belegung beträgt acht bis neun Personen. Neben den Familienunterkünften gibt es Wohnheime für Ledige, kasernenartige Bauten, in denen jeweils bis zu 5000 und mehr Menschen untergebracht sind.
Südafrikas größtes Getto ist Soweto (Abkürzung für »South Western Township«) bei Johannesburg. In Soweto leben nach amtlichen Angaben 900000 Menschen, nach Schätzungen der Johannesburger Presse 1,25 Millionen. In Soweto gibt es zwei Kinos, keine Buchhandlung und 39 öffentliche Telefone[7].
Das Wohnrecht im Getto unterliegt strengen Vorschriften. Besucher dürfen sich nur 72 Stunden an einem Ort aufhalten. Zuzugsgenehmigung erhält nur, wer einen Arbeitsnachweis vorlegen kann. Die Familie darf erst nachkommen, wenn der Insasse mehrere Jahre an einem Ort gearbeitet hat. Jeder Bewohner kann jederzeit abgeschoben werden. Gerichtlicher Einspruch ist nicht möglich. Stirbt der Familienvater, muß die Witwe mit den Kindern das Getto verlassen, sofern sie keine Arbeitsstelle hat. Ausgewiesene Bewohner, die anderswo keine Bleibe haben, werden in »Umsiedlungslager« gebracht.
Das Panorama der Gettos wäre nicht vollständig ohne den düsteren Hintergrund der Kriminalität. Sie ist die Folge der erzwungenen Familientrennung, der Jugendverwahrlosung, der Aussichtslosigkeit, jemals dem Elend zu entrinnen. Sie ist auch die Folge des staatlich geförderten Alkoholismus: Denn der Alkoholverkauf in den Gettos ist Staatsmonopol und eine der wichtigsten Einnahmequellen der weißen Gettoverwaltung.
So wundert es niemanden, daß Soweto die höchste Mordrate der Welt hat. Durchschnittlich werden dort täglich drei Menschen getötet. Lakonisch erklärt das amtliche Jahrbuch der Republik Südafrika: »Die Schwarzen außerhalb der Homelands werden von der Weißen Nation als gesellschaftspolitisch unassimilierbar betrachtet[8].«
Vor der potemkinschen Fassade der Homelands verloren die »Unassimilierbaren« ihre letzten politischen Rechte. Schon 1936 war den Schwarzen in der Kapprovinz das unmittelbare Wahlrecht genommen worden, das sie dort seit der britischen Kolonialzeit besaßen. Als

Ersatz durften sie auf einer getrennten Liste drei weiße Abgeordnete als ihre Vertreter ins Parlament wählen. Außerdem wurde damals ein Repräsentativrat geschaffen, der die Schwarzen der gesamten Südafrikanischen Union vertreten sollte. Das Apartheidregime schaffte diese Einrichtungen gemäß der Eiselen-Doktrin ab – zuerst den Repräsentativrat und zuletzt (1959) die weißen Wahlvertreter der Bantu im Parlament. Seither besitzen die Schwarzen außerhalb der Homelands – und dies ist die Mehrheit der Bevölkerung – keinerlei Repräsentativorgan mehr. Sie sind aus dem Verfassungsrahmen gestrichen.

Den Höhepunkt der planmäßigen Entwurzelung der schwarzen Stadtbevölkerung bildet das »Staatsbürgerschaftsgesetz« von 1970. Es bestimmt, daß jeder Bantu automatisch Staatsbürger eines der neun Homelands ist – auch wenn er dieses »Heimatland« nie in seinem Leben gesehen hat.

Das Gesetz verwandelt die acht Millionen Bantu im »Weißen Gebiet« formaljuristisch in ausländische Gastarbeiter und bildet damit den grandiosen Schlußstein des Apartheidsystems. Seither lastet die angekündigte Ausgabe von Staatsbürgerpässen der Homelands wie ein Alptraum über den Gettos. »Die einzige Grundlage für die Anwesenheit des Bantu im Weißen Gebiet ist der Verkauf seiner Arbeitskraft und sonst gar nichts«, bekräftigte Bantu-Minister Michiel Botha 1976.

Allerdings ruht auf dieser Grundlage der Wohlstand der weißen Südafrikaner. Jeden Morgen strömen Millionen schwarze Arbeiter in die »weißen« Städte und kehren abends wieder in die Gettos zurück. Allein die Nahverkehrslinie zwischen Johannesburg und Soweto bewältigt zwischen vier und acht Uhr morgens 280000 Passagiere – mehr als Central Station von New York in der gleichen Zeit.

Die Masse dieser Schwarzen sind ungelernte Arbeiter und sollen es bleiben. Die »Job-Reservation« behält fast alle Facharbeiterbereiche den Weißen vor. Als Ausnahme wurde den Schwarzen durch ein Sondergesetz erlaubt, Bauhandwerkerberufe zu erlernen, die sie allerdings nur in schwarzen Wohngebieten ausüben dürfen. Nach diesem Gesetz wurden innerhalb von 12 Jahren ganze 6028 Handwerksbriefe ausgestellt – bei einer schwarzen Bevölkerung von 18 Millionen. »Für den Bantu ist in der weißen Gemeinschaft kein Platz oberhalb einer gewissen Arbeitsstufe[9]«, erklärte Hendrik Verwoerd 1954. Demgemäß wurden auch die letzten Überbleibsel gewerkschaftlicher Freiheiten für die Schwarzen

Apartheid

Apartheid

liquidiert. Das Streikrecht ist den Schwarzen seit 1953 gesetzlich verboten. Die Höchststrafe beträgt drei Jahre Gefängnis.

Um die Masse der entwurzelten und entrechteten Schwarzen im Zaum zu halten, errichtete das Regime einen perfekten Polizeistaat. Seit der Machtübernahme der Nationalpartei wurden insgesamt 46 Sicherheitsgesetze verabschiedet, die von der parlamentarischen Verfassung nicht viel mehr übrigließen als die Fassade.

Die erste Stufe war das »Gesetz zur Unterdrückung des Kommunismus« von 1950. Es schränkte die Möglichkeiten politischer Opposition drastisch ein. Denn es erklärte nicht nur die völlig bedeutungslose KP Südafrikas für staatsfeindlich, sondern »alle Doktrinen und Systeme, die eine politische, industrielle, soziale oder wirtschaftliche Veränderung in Südafrika durch das Hervorrufen von Unruhe und Disziplinlosigkeit bewirken wollen, sei es durch gesetzwidriges Handeln oder Unterlassungen[10]«.

Dieses Ermächtigungsgesetz bot dem Regime die Handhabe, auch den gewaltlosen Widerstand zu unterdrücken. Seit 1967 können zusätzliche Berufsverbote gegen alle Personen (nicht nur Beamte) verhängt werden, die nach dem Gesetz straffällig geworden sind. Seit 1969 kann außerdem das Wahlrecht auf Lebenszeit entzogen werden.

Das wichtigste Instrument des Gesetzes war indessen der »Bann«, eine Maßnahme, die nur in der sowjetischen Staatsschutzpraxis eine Parallele findet. Sie ist auf prominente Regimekritiker zugeschnitten.

Der »Bann« wird ohne Gerichtsurteil vom Justizminister verfügt, beträgt bis zu fünf Jahre und kann anschließend verlängert werden. Es gibt verschiedene Stufen des Banns – vom Aufenthaltsverbot für bestimmte Gebiete und Städte bis zum Hausarrest. Fast immer darf der »Gebannte« keine öffentlichen Veranstaltungen besuchen und nicht mit mehr als zwei Personen privat zusammentreffen. Er darf keinerlei Kontakt, auch nicht brieflich, zu anderen Gebannten unterhalten, er darf nicht öffentlich auftreten und nichts publizieren. Die Presse darf keine Äußerungen von ihm wiedergeben, nicht einmal seine Aussagen vor Gericht. Der Bann macht das Opfer zur orwellschen Unperson.

Südafrika unterschied sich damit nur noch formal von einer Diktatur. Die Opposition war auf das weiße Parlament beschränkt, und dort besaß die burische Nationalpartei seit 1948 die erdrückende Mehrheit. Jede Regierung zog die Daumenschrauben weiter an. Premierminister Malan schuf das Apartheidsystem, sein Nachfolger Johannes Strijdom entwickelte es weiter, Hendrik Verwoerd, der 1958 Partei- und Regierungschef wurde, brachte es zur Vollendung. Er baute den Polizeistaat zum Terrorregime gegen die Schwarzen aus. Denn trotz aller Unterdrückungsmaßnahmen formierte sich der schwarze Widerstand.

13 Der schwarze Widerstand

In der Verbannung, isoliert von der Außenwelt, versuchte der schwarze Friedensnobelpreisträger Albert Luthuli, sich in die Mentalität der Buren zu versetzen. »Vielleicht«, so schrieb er 1961, »halten sie die Schwarzen wirklich für so dickfellig und beschränkt, daß sie die Hungerlöhne, die Brutalitäten der Polizei oder die flagrante Diskriminierung gar nicht wahrnehmen, ehe nicht ein Agitator kommt und sie mit der Nase daraufstößt. Ich würde wirklich gern wissen, ob sie uns fähig halten, etwas anderes zu tun, als ›Ja, Baas[1]!‹ zu sagen, wenn wir uns selbst überlassen sind[2].«

Tatsächlich konnten sich die weißen Afrikaaner bis in die Mitte dieses Jahrhunderts ihrer Herrschaft sicher sein. Von sporadischen Unruhen abgesehen, hatten sich die Schwarzen nie ernsthaft gegen das System erhoben. Auch nach der Gründung des Afrikanischen Nationalkongresses (ANC) änderte sich wenig. Die politische Organisation der Schwarzen begnügte sich jahrzehntelang mit akademischen Resolutionen und Protesten. Erst während des Zweiten Weltkrieges entwickelte sich der ANC aus einem elitären Debattierklub zu einer effizienten politischen Organisation. Der damalige ANC-Präsident Dr. Alfred Xuma baute im ganzen Land Ortsgruppen auf, führte obligatorische Mitgliederbeiträge ein und entwickelte ein konkretes politisches Programm. Unter dem Eindruck der Atlantik-Charta, in der Roosevelt und Churchill eine freiheitliche Weltordnung als Kriegsziel der Alliierten proklamierten, formulierte der ANC 1943 eine »Bill of Rights« der schwarzen Südafrikaner. In diesem Grundrechtskatalog forderten die Schwarzen »die vollen Bürgerrechte, wie sie alle Europäer in Südafrika genießen[3]«.

Dr. Xuma schickte das Dokument an Premierminister Smuts und bat um eine Unterredung. Smuts ließ dem Vertreter der schwarzen Be-

„Der Schwarze weiß, wo sein Platz ist, und wenn nicht, werde ich ihm den Platz schon zeigen“ (Polizeiminister Jimmy Krüger 1976)

völkerungsmehrheit durch sein Sekretariat antworten: »Er stimmt nicht mit Ihrer Interpretation der Atlantik-Charta überein. Dies ist eine akademische Frage, an deren Diskussion er sich nicht beteiligen kann[4].«

Nach dieser Absage an einen Dialog radikalisierte sich der ANC. In der »Jugendliga« des Verbandes war eine neue Generation herangewachsen, die genug hatte von den fruchtlosen Versuchen, mit der weißen Herrenkaste in ein zivilisiertes Gespräch einzutreten. Als die burische Nationalpartei unter Malan die Macht ergriff und das Apartheidsystem in die Tat umzusetzen begann, wurde Dr. Xuma, der Demonstrationen für abscheulich hielt, als Präsident des ANC gestürzt. Der Kongreß rief die schwarzen Südafrikaner zum aktiven Widerstand durch »Boykott, Streik, zivilen Ungehorsam und Nicht-Zusammenarbeit« auf.

Die erste Kraftprobe fand 1952 statt, als das weiße Südafrika den 300. Jahrestag der Landung Jan van Riebeecks feierte. Damals gingen zum erstenmal in allen großen Städten Zehntausende von Schwarzen zu Gegendemonstrationen auf die Straße. Im Johannesburger Getto Sophiatown rief ANC-Präsident Dr. Moroka auf einer Massenkundgebung aus: »Wir Afrikaner blicken ebenfalls auf diese 300 Jahre zurück. Und wir sehen nichts als Traurigkeit. Welche Seite in der Geschichte Südafrikas wir auch umblättern – sie ist befleckt mit dem Blut der Gefallenen[5].«

Doch der ANC beschränkte sich nicht mehr auf Kundgebungen. Nach dem Vorbild Gandhis, der 40 Jahre zuvor den gewaltlosen Widerstand erprobt hatte, starteten die Schwarzen eine Kampagne des »zivilen Ungehorsams« und übertraten massenweise die Gebote der Rassentrennung auf Bahnhöfen, in Postämtern, Behörden und Parkanlagen.

Generalstabschef der Kampagne war Albert Luthuli, damals schon über 50 Jahre alt. Luthuli, von Beruf Lehrer, von Überzeugung Christ, war »Häuptling« (Verwaltungschef) eines kleinen Missionsreservates in Natal. Unerschrocken reiste er kreuz und quer durch das Land, um die Kampagne nicht in Mutlosigkeit versacken zu lassen. Ende 1952 waren fast 9000 Aktivisten verhaftet worden, doch Luthuli hatte erreicht, was er wollte: Das politische Bewußtsein der Schwarzen war geweckt. Die Mitgliederzahl des ANC stieg von knapp 7000 auf über 100000. Luthuli wurde zum neuen Präsidenten gewählt.

Premierminister Malan erkannte, daß ihm plötzlich ein ernstzunehmender Herausforderer gegenüberstand. Die Reaktion kam wie er-

Soweto 1976: Nach Jahrzehnten fruchtloser Proteste kam der Aufstand

wartet. Luthuli wurde als Häuptling abgesetzt und 1953 mit dem ersten »Bann« belegt. Außerdem wurden öffentliche Protestaktionen gesetzlich verboten: Höchststrafe waren drei Jahre Gefängnis für aktive Teilnahme beziehungsweise fünf Jahre für Anstiftung.

Darauf organisierte Luthuli einen »Volkskongreß« gegen die Apartheid. Es war die erste und die letzte legale politische Versammlung von Vertretern aller südafrikanischen Rassen. 3000 Delegierte trafen sich bei Johannesburg. Außer den Mischlingen und Indern waren auch die Weißen durch die neugegründete Liberale Partei unter Führung des Schriftstellers Alan Paton vertreten.

Der Kongreß verabschiedete eine »Freiheits-Charta«, ein mildes, liberales Manifest, das in der Forderung gipfelte: »Alle nationalen Gruppen und Rassen sollen den gleichen Status haben[6].«

Die Regierung betrachtete dies als eine Verschwörung gegen den Staat. Luthuli wurde zusammen mit 155 anderen Angeklagten wegen »Hochverrats« vor Gericht gestellt. Doch es gab noch Richter in Südafrika: Nach fünfjähriger Prozeßdauer wurden sämtliche 156 Ange-

Albert Luthuli 1961 in Oslo

klagten freigesprochen.
Aber der Freispruch nützte Luthuli nichts. Die Regierung verhängte abermals den »Bann« gegen ihn. Bis zu seinem Tode im Jahre 1967 lebte Luthuli unter Polizeiaufsicht. Lediglich zur Entgegennahme des Nobelpreises in Oslo erhielt er 1960 die Ausreisegenehmigung.
Unterdessen hatte Hendrik Verwoerd die Regierung übernommen. Der gebürtige Holländer war acht Jahre lang als Bantu-Minister der verantwortliche Vollstrecker der Apartheid gewesen. Als ihn die Nationalpartei 1958 zum Partei- und Regierungschef kürte, verflog jede Hoffnung auf eine Mäßigung des Regimes, denn Verwoerd repräsentierte den äußersten rechten Flügel der burischen Nationalisten. »Die Wahl Hendrik Verwoerds«, jubelte der Parteitagsleiter Jan de Klerk, »ist kein Zufall, sondern Teil der göttlichen Vorsehung für diese Nation[7].«
Auch Verwoerd selbst war nach bester kalvinistischer Tradition von seiner Sendung überzeugt. In seiner Regierungserklärung sagte er: »In Südafrika werden wir wie nie zuvor durch den überwältigenden Strom eines begeisterten Nationalismus vorangetragen. Es gibt Kräfte, die unschlagbar sind. Dies ist eine von ihnen[8].«
Das Echo auf diese neue Eskalation des weißen Rassismus war eine weitere Radikalisierung der Schwarzen. Ein Jahr nach Verwoerds Machtübernahme löste sich der militante Flügel von ANC und konstituierte sich als »Panafrikanischer Kongreß« (PAC). Sein Führer war Robert Sobukwe, Dozent für Bantusprachen an der Witwatersrand-Universität.
Sobukwe kam aus der Jugendliga des ANC und hatte den Zusammenbruch der Widerstandskampagne von 1952 miterlebt. Er forderte nicht mehr die bloße Gleichberechtigung, sondern das Ende der weißen Herrschaft in Südafrika. »Afrika den Afrikanern« lautete der Slogan des PAC. Er signalisierte den Beginn einer »psychologischen Emanzipation[9]« der

Schwarzen, das Schwinden der Minderwertigkeitskomplexe und des Selbstmitleids und den Anfang eines schwarzen Nationalismus.

Doch auch Sobukwe hielt noch am gewaltlosen Widerstand fest. 1960 organisierte er eine Protestkampagne gegen die Paßgesetze, das Symbol der Apartheid. Die Schwarzen sollten sich an einem bestimmten Tag, dem 21. März, zu Tausenden ohne »Referenzbücher« auf den Polizeirevieren melden und sich festnehmen lassen.

Verwoerd war entschlossen, die Protestbewegung um jeden Preis niederzuschlagen. Die Polizei war ohnehin seit 1956 ermächtigt, bei »Widerstand« gezielte Todesschüsse abzugeben. Als sich an jenem 21. März 1960 ein Demonstrationszug im Getto von Sharpeville bei Vereeniging dem Polizeirevier näherte, um sich verhaften zu lassen, eröffnete die Polizei das Feuer auf die unbewaffnete Menge. 69 Menschen wurden getötet, 178 verwundet. Es war das bis dahin blutigste Massaker des Apartheidregimes. Eine Welle der Empörung schlug Südafrika aus dem Ausland entgegen.

Dem Blutbad folgte eine Massenrazzia. Über 20000 Menschen wurden verhaftet, die beiden politischen Organisationen der Schwarzen, PAC und ANC, verboten. Robert Sobukwe wurde zu drei Jahren Gefängnis verurteilt, blieb jedoch auch

Sharpeville 1960: Feuer frei auf Demonstranten

nach Ablauf der Strafe auf Grund eines Sondergesetzes weiter in Haft. Neun Jahre verbrachte er auf Robben Island, seit 1966 lebt er unter »Bann« in Kimberley.

Die nackte Gewalt, die Verwoerd zum Herrschaftsprinzip erhob, schlug auf ihn selbst zurück. Zweieinhalb Wochen nach Sharpeville wurde das erste Attentat auf ihn verübt. Kein Schwarzer, sondern ein weißer Farmer, David Beresford Pratt[10], feuerte aus kürzester Entfernung auf den Regierungschef, als er eine Handelsausstellung in Johannesburg eröffnete. Verwoerd brach mit zwei Kopfschüssen zusammen. Aber er wurde gerettet und war zwei Monate später wieder im Amt – mehr denn je von seiner Sendung überzeugt.

Das Apartheidsregime war zu dieser Zeit längst international isoliert. Schon 1946 hatte Indien in der UNO-Vollversammlung die erste Verurteilung Südafrikas durchgesetzt. Seither hatte sich der Druck der Weltöffentlichkeit ständig verstärkt. Die Kolonialzeit war unwiderruflich zu Ende. Frankreich und England zogen sich aus Afrika zurück, die letzten Kolonien verwandelten sich in unabhängige Staaten. Nur Portugal hielt noch an seinen »Überseeprovinzen« fest. Doch dort hatte es nie eine gesetzliche Rassendiskriminierung gegeben. Südafrika allein verweigerte den schwarzen Einwohnern die Bürgerrechte.

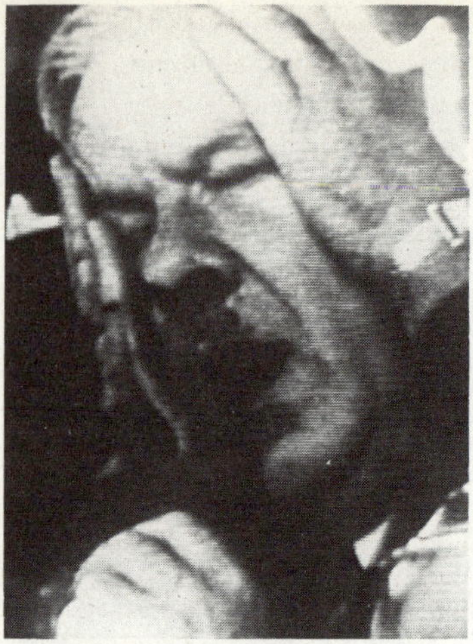
Attentat auf Verwoerd 1960

Die Isolierung kümmerte Verwoerd nicht. Er verkörperte die burische Laager-Mentalität: Ihr Symbol ist die Wagenburg, die feuerspeiende weiße Igelstellung im »schwarzen Meer«, ihre Kennzeichen sind Einsamkeit und Gewalt. Verwoerd kappte die letzte Verbindung zur britischen Krone und verwirklichte den Traum der burischen Nationalisten: die Republik. Am 5. Oktober 1960, ein halbes Jahr nach Sharpeville, ließ er die weißen Südafrikaner abstimmen. In der gespannten Lage nach dem Massaker wurde das Referendum über die Republik zu einem Votum für oder gegen den Apartheidstaat. Von den

1,7 Millionen weißen Wählern stimmten 47,7 Prozent mit »Nein«. Es zeigte sich, daß nicht nur die Südafrikaner britischer Abstammung, sondern auch viele Afrikaaner Gegner des Verwoerd-Regimes waren.

Mit der Ausrufung der Republik und dem Austritt aus dem Commonwealth hatten die Nationalisten ihr Endziel erreicht – nichts band sie nun noch an den Rest der Welt. »Dies ist der Beginn von Entwicklung und Wachstum«, erklärte Verwoerd mit bebender Stimme im Parlament. »Wir übergeben der Nachwelt ein Fundament, auf das sie bauen kann. Die nach uns kommen, empfangen ein reiches Erbe. Wir fordern sie auf, keine Stufe dieser Entwicklung zu zerstören[11].«

Der latente Bürgerkrieg zwischen Schwarz und Weiß trat nun in eine neue Phase ein. Sharpeville bedeutete die Wendemarke für die schwarze Opposition. Durch die Zerschlagung aller legalen Organisationen war die Basis für den gewaltlosen Protest zerstört. Die Alternative hieß bewaffneter Widerstand.

Nach der Verbannung von Luthuli und der Verurteilung von Sobukwe tauchte ein neuer Führer auf: Nelson Mandela, Rechtsanwalt und Veteran der schwarzen Jugendliga. »Fünfzig Jahre der Gewaltlosigkeit«, erklärte er, »haben dem afrikanischen Volk nichts anderes eingebracht als eine immer repressivere Gesetzgebung und immer weniger Rechte. Im Leben jeder Nation kommt der Zeitpunkt, wo ihr nur zwei Möglichkeiten bleiben – sich zu unterwerfen oder zu kämpfen. Dieser Zeitpunkt ist für Südafrika gekommen[12].«

Robert Sobukwe

Nelson Mandela gründete die Kampforganisation »Umkonto we Sizwe« (Speer der Nation). Am »Dingaans-Tag«, dem 16. Dezember 1961, ließen schwarze Stadtguerillas zehn Bomben in Johannesburg und Port Elizabeth hochgehen. Personen kamen bei dieser Aktion nicht zu Schaden.

Doch die Widerstandsbewegung brach rasch zusammen. Schon acht

Vorster inspiziert die Polizeitruppe von Basotho-Owagwa

Monate nach der ersten Aktion wurde Mandela verhaftet, ein Jahr später auch die Zentrale der Organisation auf einer Farm bei Johannesburg ausgehoben. Nelson Mandela und sieben Mitangeklagte, darunter ein Weißer, wurden zu lebenslangem Zuchthaus verurteilt.

Mandelas Schlußwort vor Gericht ist eines der eindrucksvollsten Dokumente des schwarzen Ringens um Gleichberechtigung. Es ist ein Plädoyer für die einfachsten Grundrechte einer menschenwürdigen Gesellschaft: »Afrikaner wollen die Arbeit, die ihren Fähigkeiten entspricht, und nicht solche, die ihnen die Regierung als ›ihren Fähigkeiten entsprechend‹ zuweist. Afrikaner wollen dort, wo sie arbeiten, ein Stückchen Land besitzen können, und nicht gezwungen sein, in Häusern zu leben, die niemals ihr Eigentum werden dürfen. Afrikaner möchten Teil der Gesamtbevölkerung Südafrikas sein und nicht in Gettos leben. Afrikaner möchten in ihrem eigenen Land reisen können und sich einen Arbeitsplatz suchen, wo sie wollen, und nicht dort, wohin sie vom Arbeitsamt dirigiert werden ... Vor allem wollen wir Gleichberechtigung. Ich weiß, daß dies für die Weißen in diesem Lande revolutionär klingt, denn die Mehrheit der Wähler werden dann (schwarze) Afrikaner sein. Deshalb hat der weiße Mann Angst. Aber Angst darf der Lösung nicht im Weg stehen. Es ist nicht wahr, daß die Gleichberechtigung aller hier lebenden Menschen zur Vorherrschaft einer Rasse führen wird. Ein halbes Jahrhundert hat der ANC gegen den Rassismus gekämpft, und wenn er siegt, wird dieser Sieg an seiner Politik nichts ändern[13].«

Verwoerds Antwort entsprach dem Verhaltensmuster, das Albert Luthuli in einem lapidaren Satz umrissen hatte: »Die Weißen sehen nur die Unruhen. Ihre Reaktion? Sie verstärken die Ketten[14].« Eine neue Welle repressiver Gesetze brach über das Land herein. Das »Sabotagegesetz« führte drakonische Strafen (Minimum fünf Jahre Haft) gegen alle »Störungen der öffentlichen Ordnung« ein. Selbst das Anbringen von nicht genehmigten Plakaten oder das Pinseln von Parolen an Häuserwände gelten seither als staatsfeindliche Aktion. Das »90-Tage-Gesetz« ermächtigte die Polizei, politisch Verdächtige zwecks Vernehmung für 90 Tage zu inhaftieren – die Frist konnte beliebig oft verlängert werden. Bald darauf wurde das »180-Tage-Gesetz« erlassen. Es ermächtigt den Generalstaatsanwalt, Personen ohne Urteil oder richterlichen Haftbefehl für 180 Tage in Einzelhaft zu nehmen. Durch ein weiteres Sondergesetz können Verurteilte auch nach Verbüßung ihrer Strafe weiter inhaf-

tiert werden.
Die kaum noch übersehbare Zahl von Rassen- und Polizeigesetzen verwandelte Südafrika in das Land mit den meisten Gefangenen der Welt pro Kopf der Bevölkerung. Auf je 100000 Einwohner kommen 279 Häftlinge (Bundesrepublik: 59). Insgesamt stieg die Zahl aller südafrikanischen Gefängnisinsassen auf einen Tagesdurchschnitt von annähernd 100000. Jeder achte Schwarze ist irgendwann zu einer Polizei- oder Gerichtsstrafe verurteilt worden.
Südafrika hält auch den Rekord an Hinrichtungen im Verhältnis zur Einwohnerzahl. 1967 schrieb der Johannesburger »Star«: »In den letzten 25 Jahren sind in Südafrika etwa 1300 Personen gehängt worden, und das Tempo nimmt zu. Eine Abschreckungsmaßnahme? Südafrikas Mordrate hat sich mehr als verdoppelt[15].«
Die Zahl der Vollstreckungen bewegt sich jährlich zwischen 40 und 100. Für das Berichtsjahr 1973/74 gab das Justizministerium 43 Hinrichtungen an. 56 weitere rechtskräftig Verurteilte warteten auf die Vollstreckung.
Die liberale Johannesburger Zeitung »Rand Daily Mail« veröffentlichte 1965 einen Bericht aus dem Todeszellenflügel im Zentralgefängnis von Pretoria: »Die Hinrichtungen finden etwa alle zehn Tage statt. Schon Tage vorher beginnen die Verurteilten zu singen, und da die meisten von ihnen Schwarz-Afrikaner sind, können sie nicht anders als harmonisch singen. Die letzten beiden Tage singen sie ununterbrochen ›Näher, mein Gott, zu Dir‹ und ähnliches. Dann hört man, wie die Verurteilten singend zur Todeszelle gehen. Man hört, wie die Zellentür geschlossen wird und die Falltür unter dem Galgen sich öffnet. Das ganze Gebäude erzitterte, wenn die Falltüren geöffnet wurden[16].«
In den Haftanstalten und Straflagern gehören Mißhandlungen und Hunger zur Alltagspraxis. Daran hat sich trotz massiver internationaler Proteste nichts geändert. Wie es auf Robben Island aussieht, dem Prominenten-Straflager in der Tafelbucht, schilderte 1970 der Ex-Häftling Albert Dlomo:
»Die Insel ist in drei Lager geteilt: die Isolierstation, wo Mandela und andere politische Führer sitzen, das Terroristenlager, wo Freiheitskämpfer aus Namibia, Rhodesien und der Südafrikanischen Republik gefangen sind, und das Hauptlager, wo ich selbst war. Unsere Betten bestanden aus zwei Strohmatten, eine als Unterlage für den Zementfußboden, die andere zusammengerollt als Kopfkissen. Wir hatten drei Decken im Winter und zwei im Sommer. Das Essen ist so schlecht,

Der Aufstand
von Soweto:
Rauchwolken über
dem Ort (1976)

daß die meisten Kranken im Lazarett Tbc-Fälle sind. Oft wurde das Essen aus nichtigen Gründen entzogen, wie zum Beispiel wegen nicht zugeknöpfter Jacken, Sprechen, Rauchen usw. Unsere Arbeit bestand darin, in einem Steinbruch große Brocken zu Schotter zu zerkleinern oder am Strand Seetang aus dem eisigen Wasser zu holen. Der Tang wird nach Japan verschifft[17].«

Acht Jahre nach seiner Amtsübernahme wurde Hendrik Verwoerd ermordet. Ein weißer Parlamentsdiener griechischer Herkunft erstach den Premierminister im Plenarsaal. Der Mann wurde ebenso wie der erste Attentäter für unzurechnungsfähig erklärt und nie vor Gericht gestellt. Doch zweifellos führte er, wenngleich geistesgestört, eine Tat aus, die in der Luft lag. Denn Hendrik Verwoerd war zum Inbegriff eines Staates geworden, der sich selbst aus der Gemeinschaft der weißen Zivilisation ausgeschlossen hatte, zu der er so gern gehören wollte.

Die Hoffnung, daß es nach dem Tode Verwoerds zu einem Umschwung kommen würde, trog. Neuer Regierungschef wurde der härteste Mann aus Verwoerds Kabinett – Balthasar Johannes (John) Vorster, bis dahin Justizminister und somit verantwortlich für die drakonischen Polizeigesetze. Wie Verwoerd gehörte Vorster zum äußersten rechten Flügel der Nationalpartei. Der einstige »General« der Ossewa Brandwag und Polithäftling unter Premierminister Smuts schloß die letzten Lücken im System der Apartheid. Sie betrafen vor allem die Mischlinge.

Die 2,5 Millionen »Coloureds« stellen die tragischsten Opfer der Apartheid dar. Sie besitzen keine eigenen Traditionen, keine autonome Kultur, kein anderes »Heimatland« als die weißen Afrikaner. Die Weißen haben sie hervorgebracht, ihr Blut fließt in ihren Adern. Sie sprechen das Afrikaans der Buren und fühlen sich den Weißen zugehörig. Unter der britischen Herrschaft waren sie fast ein Jahrhundert lang als Vollbürger anerkannt.

Damit machte die Apartheid Schluß. Sie erklärte die Mischlinge zur eigenen Rasse. Es war die irrsinnigste Konsequenz eines irrsinnigen Systems. Aber sie wurde methodisch durchgesetzt. Die Mischlinge waren eben »Nicht-Weiße« und damit den Schwarzen und Indern gleichgestellt. Ebenso wie jene verloren sie ihre Bürgerrechte, wenn auch mit einiger Verzögerung.

Schon Premierminister Strijdom hatte den Coloureds in der Kapprovinz 1956 das direkte Wahlrecht entzogen. Statt dessen konnten sie auf einer getrennten Liste vier weiße

Vertreter ins Parlament wählen. Es war das gleiche Verfahren, das zuvor auf die Schwarzen angewendet worden war. Premierminister Vorster liquidierte auch diesen Rest einstiger Bürgerrechte. 1968 wurde die Wahlvertretung der Coloureds im Zentralparlament, 1970 im Parlament der Kapprovinz und 1972 auch in den Gemeinderäten gestrichen. Die Coloureds haben seither den gleichen Paria-Status wie die Schwarzen, nur mit dem Unterschied, daß sie kein »Homeland« besitzen. Die Regierung gründete dafür einen »Repräsentativrat der Coloureds«, ein einflußloses Konsultationsorgan.

Durch ein Sondergesetz wurde 1968 auch jede »gemischtrassische« politische Betätigung verboten. Dies war das Todesurteil für die Liberale Partei, die als einzige Partei Farbige und Weiße zu ihren Mitgliedern zählte. Sie löste sich selbst auf. Ihr Präsident Alan Paton kämpft seither als Publizist und Schriftsteller gegen die Apartheid.

John Vorster vollendete auch den Ausbau des Polizeistaates. Er erließ ein »Antiterrorismus-Gesetz« (Höchststrafe Tod, Mindeststrafe fünf Jahre Gefängnis), dessen vage Definitionen polizeilicher Willkür Tür und Tor öffnen. Zu terroristischen Handlungen zählt das Gesetz die Absicht, »den Verkehr zu behindern«, »die Verwaltung der Staatsangelegenheiten zu erschweren« und »durch Einschüchterung ein (politisches) Ziel zu verfolgen[18]«. Jeder höhere Polizeibeamte ist befugt, jeden festzunehmen, den er im Sinne des Gesetzes für verdächtig hält. Die Haftdauer ist unbegrenzt.

Gleichzeitig baute Vorster den Geheimdienst aus. Er gründete das berüchtigte »Büro für Staatssicherheit« (BOSS), das Südafrika mit einem engmaschigen Spitzelnetz überzog. Der Boß von BOSS, General Hendrik van den Bergh, war während des Zweiten Weltkriegs zusammen mit Vorster interniert. Er ist der engste Vertraute des Premiers und ihm persönlich unterstellt.

Im Frühjahr 1976 krönte Vorster das Gebäude des Polizeistaates mit einem Gesetz für »Innere Sicherheit«, das die letzte Rechtssicherheit beseitigte: Es führte die Präventivhaft ein. »Der Staat ist jetzt so mächtig«, schrieb die »Rand Daily Mail«, »daß jedermann jederzeit verhaftet werden kann, ohne daß irgend jemand benachrichtigt wird, und ohne daß der Verhaftete die geringste Möglichkeit hat, ein Gericht oder sonst eine Autorität anzurufen[19].«

»Wir warnen Sie, Mr. Vorster«, hatte das Blatt schon 1967 in einem offenen Brief an den Regierungschef geschrieben, »Spielen Sie nicht mit dem Feuer. Reden Sie den Farbigen nicht ein, ihr Kampf sei gleichbedeutend mit Kommunismus. Wenn Sie das tun, Mr. Vorster, besiegeln Sie das Schicksal Südafrikas. Die Geschichte wird Sie dann zu Recht verurteilen, ein großes Land dem Kommunismus ausgeliefert zu haben[20].«

Vorster tat alles, um diese Prophezeiung zu erfüllen. Die Schraube der Gewalt drehte sich weiter. Je mehr das Regime die Repression verschärfte, desto militanter reagierte der schwarze Widerstand. Nelson Mandela war noch für die Zusammenarbeit zwischen Schwarz und Weiß eingetreten, aber Ende der sechziger Jahre tauchte ein neues Schlagwort in den schwarzen Gettos auf – »Black Consciousness« (Schwarzes Bewußtsein). Es begegnete dem weißen Rassismus mit schwarzem Rassismus.

Die Studenten der schwarzen Apartheidsuniversitäten wurden zur Speerspitze der neuen Bewegung. 1968 lösten sie sich vom linksliberalen, englischsprachigen Studentenbund NUSAS und bildeten ihre eigene Organisation SASO (South African Students Organization). Zum erstenmal wurde damit die Rassentrennung in einer noch bestehenden gemischt-rassischen Organisation von den Schwarzen, und nicht von den Weißen, vollzogen.

Die SASO-Aktivisten waren stark von der »Black-Power«-Bewegung in den USA beeinflußt. Sie proklamierten nicht mehr die Gleichberechtigung, sondern die »Befreiung« zum Kampfziel. Für sie waren selbst liberale Weiße keine Partner mehr. Ausdrücklich verlangte die SASO von ihren Mitgliedern, alle persönlichen Kontakte mit Weißen zu unterlassen. »Der schwarze Mann muß alle Wertsysteme zurückweisen, die aus ihm einen Fremdling im Lande seiner Geburt machen«, heißt es in einem SASO-Manifest von 1971. »Keine der weißen Gruppen, die in Südafrika für eine Integration arbeiten, ist für den schwarzen Mann annehmbar. Die Weißen müssen bei allen Angelegenheiten, die unseren Kampf betreffen, ausgeschlossen werden[21].«

Aus der Studentenbewegung entstand eine neue politische Organisation der Schwarzen, die »Black Peoples Convention« (BPC). Sie dehnte das Aktionsfeld von den schwarzen Universitäten auf die Gettos aus. An den Häuserwänden von Soweto erschien bald ein neues Wort – »Azania«, der Bantu-Name für Südafrika.

Im zehnten Regierungsjahr Vorsters brach der Aufstand in den Gettos aus. Anlaß war eine Sprachverordnung der Regierung: In den schwarzen Oberschulen sollte der Unterricht nicht mehr nur in Englisch, sondern zur Hälfte in Afrikaans, der Sprache der Buren, erfolgen. Afrikaans aber war für die junge Generation des »Schwarzen Bewußtsein« das Symbol für 300 Jahre Unterdrückung, für Isolierung und Entrechtung.

Nach wochenlangen Protesten marschierte am 16. Juni 1976 ein Demonstrationszug von 10000 schwarzen Schülern durch Soweto. Premierminister Vorster gab der Polizei Feuer frei, so wie sein Vorgänger Verwoerd in Sharpeville. Aber John Vorster übertraf sein düsteres Vorbild bei weitem. Mehr als 200 Tote blieben auf dem Asphalt liegen. Die meisten Opfer, so zeigten die Obduktionen, waren durch Schüsse in den Rücken getötet worden.

Das Massaker löste die schwersten Unruhen in Südafrika seit der Machtübernahme der Nationalpartei aus. Sogar das selbstbewußte Kapstadt wurde von tagelangen Straßenschlachten erschüttert. Zum erstenmal stürmten die Coloureds das Zentrum der alten Metropole, aus der sie ausgeschlossen worden waren.

Als die Ruhe endlich wiederhergestellt war, wurden im ganzen Land über 400 Tote gezählt. Triumphierend erklärte Polizeiminister Jimmy Kruger: »Nach 300 Jahren kennen sich Schwarze und Weiße in Südafrika. Der Schwarze weiß, wo sein Platz ist, und wenn nicht, so werde ich ihm seinen Platz schon zeigen[22].«

Aber Krugers Blutbad hat Südafrika verändert. Der eisige Wind unaufhaltsamer Veränderungen weht durch das Land. Die Idee der Apartheid ist gescheitert. Der Weg der »getrennten Entwicklung« führte Südafrika in den permanenten Rassenkrieg.

Nach dem Aufstand in den Gettos zerbrach auch die andere Säule der Apartheid. Die Führer der schwarzen Homelands sagten sich öffentlich vom Endziel der Apartheid los. In einer gemeinsamen Erklärung, von der sich nur die Transkei ausschloß, lehnten sie die Pseudo-Unabhängigkeit der schwarzen Satellitenstaaten ab und schlossen sich mit den Schwarzen außerhalb der Homelands zur »Black United Front« (Schwarze Einheitsfront) zusammen.

Es war der schwerste Schlag für Vorster. Denn mit der Fassade der Homelands muß die ganze Fiktion der »getrennten Entwicklung« zusammenbrechen. Das Regime hatte gefügige schwarze Vasallen-Fürsten heranzüchten wollen, und jetzt verwandelten sie sich in Bannerträger der Rebellion.

»Ändert eure herausfordernde, versteinerte, gleichgültige Haltung gegenüber den Millionen schwarzer Mitbürger«, rief Lennox Sebe, Chef

Rückzug in die Wagenburg: Die Weißen bewaffnen sich

Zuluführer Buthelezi

des Homeland Ciskei, den Weißen zu. Sein Amtskollege Buthelezi, Führer der Zulus, des größten Bantu-Volkes, erklärte: »Mich schaudert, wenn ich an mein Land und seine Völker denke. Die ganze weiße Bevölkerung wird eines Tages verantwortlich sein für die Sünden, die von jenen begangen werden, die nicht nur ihr eigenes Schicksal bestimmen wollen, sondern unseres dazu[23].«
Die weißen Afrikaaner sehen sich am Ende des Irrweges zurückgeworfen auf ihre Ausgangslage – die Wagenburg. Sie sind heute isolierter denn je. Sie stehen nicht nur der geschlossenen Front der Schwarzen gegenüber, sondern auch wachsendem Widerstand im eigenen Lager. Die Front der »Verkrampten« (Verkrampften), wie die burischen Extremisten genannt werden, bröckelt ab, die Gruppe der »Verligten« (Aufgeklärten) wächst.
Jahrzehntelang nahm die klassische Oppositionspartei, die United Party der Anglo-Südafrikaner, eine unentschiedene Haltung in der Rassenfrage ein. Zwar verurteilte sie die radikale Apartheid und trat entschieden für die bürgerlichen Freiheiten ein, aber sie war weit davon entfernt, die Gleichberechtigung der Rassen zu ihrem Programm zu machen.
Erst 1959 spaltete sich die liberale Fortschrittspartei (Progressive Party) von der konservativen United Party ab. Die Progressiven repräsentierten den aufgeklärten, international denkenden Teil des wohlhabenden englischsprachigen Bürgertums, der Industrie und des Großkapitals. Hauptfinanzier der Partei ist bis heute Harry Oppenheimer, Sohn und Erbe des legendären Sir Ernest Oppenheimer, der 1902 aus Deutschland nach Kimberley kam und bei seinem Tode der Herr über Südafrikas Gold- und Diamantenindustrie war, einschließlich Cecil Rhodes' »De Beers Consolidated Mines«. Harry Oppenheimer, vermutlich der reichste Bürger Südafrikas, scheute sich nicht, öffentlich seine Sympathie für die Progressiven zu erklären: »Ich wähle die Fortschrittspartei, denn ich bin ein Konservativer[24].«
Doch drei lange Legislaturperioden

hindurch war die Fortschrittspartei nur durch die Abgeordnete Helen Suzman im Palament vertreten. Unbeirrt kämpfte sie gegen Rassendiskriminierung und Unterdrückung, und selbst Verwoerd und Vorster konnten sie nicht als Kommunistin diffamieren. Bei der letzten Parlamentwahl 1974 stieg die Minifraktion der Progressiven immerhin auf sieben Abgeordnete – sie vertreten die sieben reichsten Wahlkreise in Johannesburg und Kapstadt. Nach der Wahl fusionierte die Partei mit einer anderen

Liberale Helen Suzman

liberalen Splittergruppe, der Reformpartei, zur »Progressiven Reformpartei«. Ihr Programm fordert ohne Umschweife die »Abschaffung jeder Diskriminierung auf Grund der Rasse, Religion, Sprache oder des Geschlechts« und die »Wiederherstellung des Rechtsstaates und der bürgerlichen Freiheiten[25]«.

Nach dem Aufstand der Schwarzen im Sommer 1976 schwenkte schließlich auch die United Party (44 von 120 Parlamentssitzen) auf diesen Kurs ein. Ihr Führer, Sir de Villiers Graaff, verlangte das Ende der Rassentrennung, gleiche wirtschaftliche Chancen für alle und Anerkennung des Prinzips der schwarzen Regierungsbeteiligung.

Auch die mit der Weltwirtschaft und den politischen Zentren in Europa und Amerika eng verflochtene Industrie begriff, daß die sture Haltung der burischen Extremisten in die Katastrophe führen muß. In einem Memorandum an Premierminister Vorster forderte die Industriekammer von Transvaal die Aufhebung von 17 Rassengesetzen, vor allem die Beseitigung des Gettosystems. »Es ist unmöglich«, so heißt es in dem bemerkenswerten Schriftstück, »Arbeiter zu motivieren, die im Elend leben und keine Hoffnung sehen, sich in bessere Jobs hochzuarbeiten[26].«

Südafrikas Schicksal hängt davon ab, ob sich die Stimmen der Vernunft gegen die Irrationalität der Apartheidapostel durchsetzen. John Vorster sagte 1968 im Parla-

ment: »Es stimmt, daß Schwarze für uns arbeiten. Es werden noch Generationen für uns arbeiten, trotz unseres Ideals, sie vollständig zu separieren. Aber die Tatsache, daß sie für uns arbeiten, kann sie niemals dazu berechtigen, politische Rechte geltend zu machen. Weder jetzt noch in Zukunft. Akzeptieren wir dies, so würden wir unser eigenes Todesurteil unterschreiben[27].«
Diese Ansicht ist 300 Jahre alt. Es ist die Ansicht Jan van Riebeecks, der die Kap-Kolonie gründete und die Sklaverei einführte; die Ansicht Piet Retiefs, der 1836 den Großen Trek anführte; die Ansicht Andries Pretorius', der den Zulus das Land nahm; die Ansicht Paul Krügers, der die weiße Herrenrepublik gegen England verteidigte; die Ansicht von James Hertzog, Daniel Malan und Hendrik Verwoerd, die den Apartheidstaat aufbauten.
Niemand weiß, wohin diese Überzeugung Südafrika führen wird. Nicht nur die Schwarzen sind ihr ausgeliefert, sondern auch die Weißen, die nicht an den Mythos der Wagenburg glauben. Der große Liberale Alan Paton schrieb 1976 nach dem blutigen Aufstand von Soweto[28]: »Mir scheint, daß der Afrikaaner-Nationalismus sich aus zwei Strängen zusammensetzt. Das eine ist die Liebe zum Land, zur Sprache, zum eigenen Volk. Das andere ist die Ideologie der Apartheid, der Diskriminierung, die viele Afrikaaner als untrennbaren Teil ihres Nationalismus betrachten. Es ist eine Ideologie, die zwei unvereinbare Elemente enthält – die Schönheit der Identität und die Zerstörung des Glücks. Die Apartheid hat das Glück der Schwarzen zerstört, und jetzt, langsam aber sicher, zerstört sie auch das Glück der Weißen.«

14 Südwestafrika: Das Erbe der Deutschen

Ein baumloser Strand am Südatlantik, drei Holzschuppen, ein Fahnenmast. Rechts und links vom Fahnenmast je eine Kompanie Marinesoldaten, ausgerichtet wie auf dem Kasernenhof. Vor dem Fahnenmast, Front zur See, ein Offizier. Mit aller Kraft gegen die Brandung anbrüllend, verliest er eine Proklamation:

». . . hisse ich hiermit die kaiserlich deutsche Flagge, stelle somit das Territorium unter den Schutz und die Oberherrlichkeit Seiner Majestät und fordere die Anwesenden auf, mit mir einzustimmen in ein dreifaches Hoch: Seine Majestät Kaiser Wilhelm I. lebe hoch – hoch – hoch[1]!«

Das schwarzweißrote Tuch steigt am Mast empor, der Musikzug intoniert »Heil dir im Siegerkranz«, und die Fregatten »Leipzig« und »Elisabeth«, die vor der Küste ankern, feuern 21 Schuß Salut.

So begann am 7. August 1884 das Drama von Südwestafrika. Das Deutsche Reich hatte seine erste Kolonie »erworben«.

Es war das ödeste Stück Afrika südlich der Sahara. Entlang der Küste erstreckte sich das Sandmeer der Namib-Wüste, dahinter erhoben sich karge, baumlose Hochebenen mit dürren Weideflächen, und im Osten schloß sich die endlose Kalahari-Wüste an. Nur ein Prozent des riesigen Territoriums war für den Ackerbau geeignet. Den einzigen guten natürlichen Hafen der 1400 Kilometer langen Küste, Walfischbai, hatte England sechs Jahre zuvor in Besitz genommen, so daß die Deutschen buchstäblich an Land waten mußten.

Der Mann, der dem Deutschen Reich dieses trostlose Stück Erde eingebrockt hatte, war der Bremer Tabakimporteur und Abenteurer Adolf Lüderitz, Lesebuch-Pionier für Generationen deutscher Schulkinder. Er hatte den Eingeborenen die Bucht von Angra Pequena, das spätere »Lüderitzbucht«, und einen Küstenstreifen für 600 Pfund Sterling und 260 Gewehre »abgekauft«. Anschließend bat er das Auswärtige Amt in Berlin, »besagtes Gebiet als mein wohlerworbenes Besitzthum officiell von Reichswegen anerken-

Der „Reiter von Südwest" – Ehrenmal der deutschen Schutztruppe in Windhuk

nen und unter Reichsschutz stellen zu wollen[2]«.
Um der Regierung die Neuerwerbung schmackhaft zu machen, fügte Lüderitz hinzu: »Da selbstredend das ganze Besitzthum möglichst germanisiert wird, so werden womöglich nur deutsche Reichsangehörige Anstellung finden und deutsche Gesetze für dieselben bindend sein[3].«
Bismarck wollte ursprünglich keine Kolonien. Er sah keinen Sinn darin, überall schwarz-weiß-rote Fähnchen aufzupflanzen und dieselben dann gegen die Eingeborenen zu verteidigen. »Diesen Unternehmungen will ich keinen Groschen Subvention zukommen lassen«, sagte er noch im Juni 1884 im Reichstag[4]. Aber nachdem ihn Lüderitz vor vollendete Tatsachen gestellt und die Kolonial-Lobby ihr propagandistisches Trommelfeuer verstärkte, gab der Kanzler murrend nach. Er schickte Kanonenboote an das ferne Gestade und beauftragte den Afrikaforscher Gustav Nachtigal, mit den Stammesfürsten »Schutzverträge« im Namen des Deutschen Reiches abzuschließen.
Bismarcks Nachfolger Caprivi einigte sich 1890 mit England im Helgoland-Sansibar-Vertrag auch über die endgültige Ausdehnung Deutsch-Südwestafrikas. Die Ostgrenze wurde mit dem Lineal quer

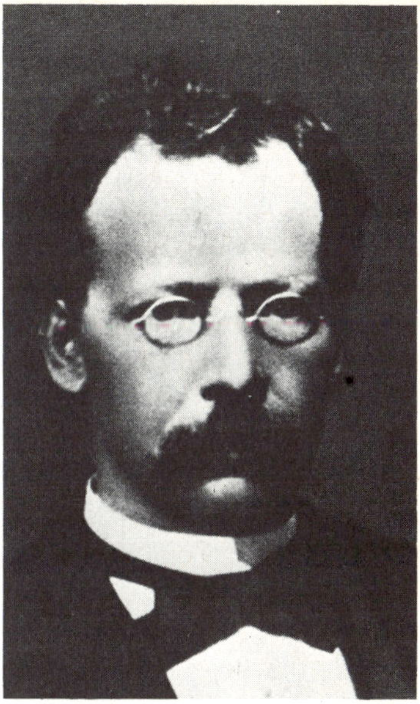

Adolf Lüderitz

durch die Kalahari gezogen, und im Norden erhielten die Deutschen, um ihr Prestigebedürfnis zu befriedigen, durch den »Caprivi-Zipfel« einen Zugang zum Sambesi.
Die Kolonie war somit fast doppelt so groß wie das damalige Deutsche Reich. Ihre Nord-Süd-Ausdehnung entsprach der Strecke Hannover–Rom, der Ost-West-Durchmesser der Entfernung München–Paris. In diesem Gebiet lebten knapp 200000 Eingeborene. Sie konzentrierten sich auf die wenigen Landstriche, die eine ärmliche Viehzucht ermöglichten: im Norden die Ovambos, im Zentrum die

Hereros, im Süden verschiedene Hottentottenstämme und Mischlingsvölker. Ovambos und Hereros waren kriegerische Bantu-Völker, die vor Zeiten aus Ostafrika eingewandert waren. Die Hottentotten dagegen stammten aus dem Kapland, waren halbeuropäisiert und sprachen das Afrikaans der Buren.

Die Unterwerfung dieser Völker unter deutsche Herrschaft ist bis heute ein Kapitel unbewältigter Vergangenheit, verdrängt und überlagert von den späteren deutschen Katastrophen. Doch in Südwestafrika ist jene Epoche nicht vergessen. Die Deutschen kamen als letzte weiße Eroberernation nach Afrika, und ihre Herrschaft dauerte nur 30 Jahre, aber sie schafften es, alle Sünden zu wiederholen, die die anderen in 400 Jahren begingen. Brutaler hat in der modernen Zeit keine andere Kolonialmacht in Afrika zugeschlagen.

Schutztruppe auf dem Marsch zur Einschiffung in Hamburg

Der Konflikt begann unmittelbar nach der Errichtung der deutschen »Schutzherrschaft«. Als die Hereros erkannten, daß sie ihre Unabhängigkeit verloren hatten, verjagten sie 1888 den ersten Reichskommissar Dr. Heinrich Göring (Vater des späteren »Reichsmarschalls«) aus dem Verwaltungssitz Otjimbingwe. Er mußte bei den Briten in Walfischbai Schutz suchen – eine überaus peinliche Situation für den obersten Beamten einer deutschen Kolonie.

Daraufhin wurde die »Schutztruppe« aufgestellt. Sie bestand aus regulären Berufssoldaten, die nach Afrika abkommandiert wurden. Die Schutztruppe baute als erstes ein starkes Fort im zentralen Hochland Südwestafrikas – die Feste Windhuk, zugleich neuer Verwaltungssitz der Kolonie. Von diesem Stützpunkt aus wurden Strafexpeditionen zur Befriedung des Landes durchgeführt. Der erste Kommandeur der Schutztruppe, Hauptmann Kurt von François, nahm sich zunächst die Hottentotten im Süden vor. Der einflußreiche »Kaptein« (Stammesführer) Hendrik Witbooi lehnte es rundweg ab, einen Schutzvertrag zu unterschreiben. »Was verstehen Sie eigentlich unter Schutz?« fragte er François bei ihrer ersten Unterredung. »Vor wem oder was wollen Sie uns schützen? Ich bin ein unabhängiger Herrscher und kann mich und mein Volk aus eigener Kraft schützen[5].«

Darauf schlugen die Deutschen zu. Im April 1893 umstellte Hauptmann François mit zwei Kompanien Witboois Hauptkraal Hornkranz. Die Soldaten waren mit dem neuen Karabiner 88 ausgerüstet, der modernsten Infanteriewaffe

Europas. Sie eröffneten ohne Warnung das Feuer. François' Absicht war die Vernichtung des Stammes. Zwei Augenzeugen haben stolze Berichte über das Massaker veröffentlicht: Leutnant Kurd Schwabe und Dr. Karl Dove, ein Geograph.

»Trotz der Schnelligkeit, mit welcher der Überfall erfolgte«, so Dove, »fand eine Anzahl Hottentotten Zeit zur Gegenwehr, so daß auf deutscher Seite vier schwere Verwundungen vorkamen, von denen eine tödlich verlief[6].«

Leutnant Schwabe: »Ich schätzte den Verlust des Feindes auf 150 Personen, darunter 60 Krieger[7].«

Dr. Dove: »Was wir bedauerten, war nicht der Tod von Frauen und Kindern, der bei einer solchen Gelegenheit nicht zu vermeiden war, sondern die geringe Zahl der gefallenen Männer, unter denen sich keine Persönlichkeit von Bedeutung befand[8].«

Hendrik Witbooi konnte entkommen. Seine Stadt wurde niedergebrannt, die überlebenden Frauen und Kinder wurden in die Hauptstadt Windhuk zur Zwangsarbeit abtransportiert. Leutnant Schwabe: »Das merkwürdigste Beutestück war ein leider sehr zerschossenes Harmonium, das die Witboois beim Gottesdienst benutzt hatten[9].«

Das Ergebnis des Massakers war

ein permanenter Kleinkrieg, denn nun rebellierten nacheinander alle anderen Stämme. 1894 schickte Berlin einen neuen Gouverneur nach Deutsch-Südwest, Major Theodor Leutwein, einen relativ liberalen Mann. Er wehrte sich später erbittert gegen den Vorwurf, »zu lasch« gewesen zu sein. Zum Beweis des Gegenteils faßte er seine Unternehmungen in folgender Liste zusammen:

»1896: Führer der Osthereros nebst Großleuten gefangen, erstere erschossen. Ganzer Stamm der Khauas (Hottentotten) in Windhuk interniert. Kriegsdauer 2 Monate.

1897: Afrikaner-Hottentotten: ganzer Stamm gefangen, Rädelsführer kriegsrechtlich erschossen. Dauer 3 Monate.

1898: Swartbooi-Hottentotten: der aufständische Teil des Stammes in Windhuk interniert. Kriegsdauer 4 Monate.

1901: Bastards von Grootfontein (Mischlingsstamm): ganzer Stamm in Windhuk interniert, Rädelsführer kriegsrechtlich zum Tode verurteilt, aber aus politischen Rücksichten begnadigt. Dauer 2 Monate[10].«

Trotzdem kehrte keine »Ruhe« in

Flaggenappell vor der Feste Windhuk

Südwestafrika ein. Als 1903 ein deutscher Leutnant und zwei Mann beim Versuch erschossen wurden, den Häuptling der Bondelswart-Hottentotten zu verhaften, explodierte Kaiser Wilhelm II. im fernen Berlin: »Bei solchen Zuständen«, schrieb er wütend an das Auswärtige Amt, »wird mir die Herabsetzung unserer Kolonialtruppen vorgeschlagen, um Ersparnisse zu machen. Verstärkt müssen sie werden, sonst laufen wir Gefahr, unseren ganzen Kolonialbesitz zu verlieren!! Das sind alles unhaltbare Zustände wie bei Spanien oder Frankreich[11]!«

So schlitterte das wilhelminische Deutschland in einen klassischen Kolonialkrieg: 1904 erhoben sich alle Hererostämme gemeinsam gegen die Fremdherrschaft.

Über den Herero-Aufstand sind Dutzende von Untersuchungen geschrieben worden. Gemeinsamer Nenner: die unnachahmliche Mischung aus Dummheit, Arroganz und Brutalität, mit der Deutschland seine Herrschaft durchzusetzen versuchte.

Von Anfang an verfolgte die Kolonial-Lobby in Berlin den irrwitzigen Plan, das riesige Wüstengebiet mit deutschen Menschen zu besiedeln. Zu diesem Zweck wurden den Eingeborenen nach burischem Vorbild »Reservate« zugewiesen. Das heißt, der Großteil des Landes wurde enteignet, um es weißen Siedlern zu schenken. Den amtlichen Standpunkt gibt am besten Ansiedlungskommissar Dr. Paul Rohrbach in seinem Buch »Deutsche Kolonialwirtschaft« (1907) wieder:

»Die Ausbreitung der weißen Rasse muß für uns der leitende Gesichtspunkt bleiben. In dieser Beziehung darf keine schwankende Sentimentalität gelten. Der Entschluß, in Südafrika zu kolonisieren, bedeutet nun einmal nichts anderes, als daß die Eingeborenenstämme von dem Lande, auf dem sie bisher ihr Vieh haben weiden lassen, weichen müssen, damit der weiße Mann auf diesem Lande sein Vieh weiden läßt[12].«

Wie einst den holländischen Siedlern am Kap wurden den Deutschen von der Kolonialverwaltung riesige Latifundien zugeteilt. Viele der Neufarmer waren Abenteurer oder Bauernsöhne, die in der Armee oder der Schutztruppe gedient hatten. Plötzlich selbst zu Herren geworden, entwickelten sie rasch die übelste Kolonialmentalität. Der deutsche Missionar Eigner berichtete 1904 an die Rheinische Missionsgesellschaft: »Der Durchschnitt der Deutschen behandelt den Eingeborenen als ein Wesen, welches mit dem Pavian (Lieblingsname für Eingeborene) so ziemlich auf einer Stufe steht. Aus dieser

Gefangene Hereros, darunter Frauen und Kinder

Gesinnung gehen dann nur zu oft Härte, Betrügereien, Ausbeutung, Ungerechtigkeit und Vergewaltigung, nicht selten Totschlag hervor[13].«

Die Rechtspraxis begünstigte die Willkür. Deutsche Siedler, die einen Schwarzen töteten, wurden meist freigesprochen, falls der Fall überhaupt vor Gericht kam. Höchststrafe in der elfjährigen Amtszeit Gouverneur Leutweins waren drei Jahre Gefängnis (für Ermordung einer Häuptlingstochter).

Dagegen hatten die Schwarzen bei Gewaltverbrechen stets mit der Todesstrafe zu rechnen, bei geringsten Vergehen schon mit Auspeitschung durch den Sjambok, die burische Nilpferdpeitsche. Nach amtlicher Aufstellung wurden im Berichtsjahr 1902/1903 insgesamt 473 gerichtliche Prügelstrafen verhängt, im Schnitt also rund 1,5 Auspeitschungen pro Tag (Sonntage abgerechnet).

Die Antwort auf zwanzig Jahre Demütigung, Unterdrückung und Landraub war der allgemeine Aufstand. Hererohäuptling Samuel Maharero, »eine große imponierende Erscheinung von stolzer Hal-

Südwestafrika zur deutschen Zeit

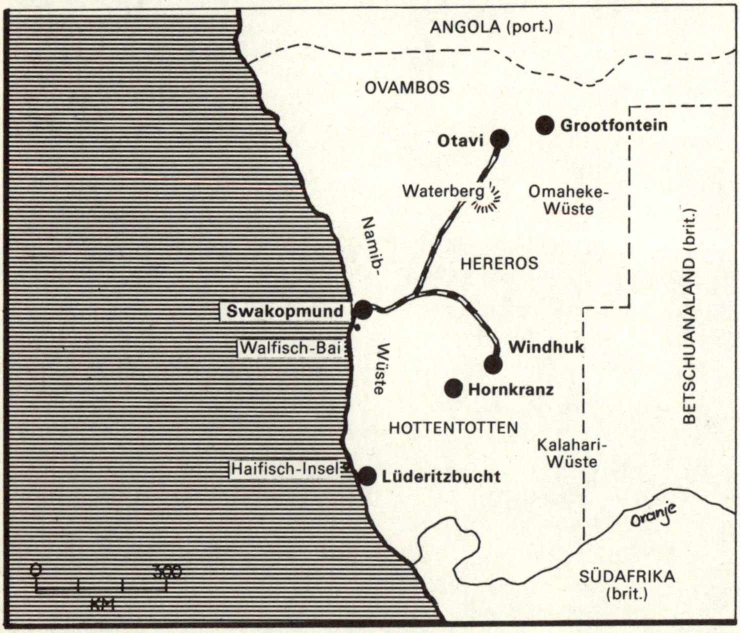

tung« (Leutwein), erklärte dem Deutschen Reich den Krieg. Am 12. Januar 1904 überfielen seine Kommandos schlagartig alle Farmen im Hereroland und schlossen die Hauptstadt Windhuk und alle Garnisonen ein. 119 deutsche Farmer, Kaufleute und Beamte wurden ermordet. Ausdrücklich hatte Maharero in einem Rundschreiben an seine Unterführer befohlen, Frauen und Kinder, sowie Missionare und nicht-deutsche Weiße wie Engländer und Buren zu schonen. Dennoch kamen auch vier deutsche Frauen und ein Kind ums Leben.

Es gelang Gouverneur Leutwein nicht, den Aufstand niederzuschlagen. Die Hereros lieferten den Deutschen im zerklüfteten Buschland erbitterte Gefechte. Die Herero-Frauen zogen, wie es Sitte war, mit in den Kampf, um ihre Männer anzufeuern und Verwundete zu bergen. Lagen sich Deutsche und Hereros auf Rufweite gegenüber, intonierten die Hererofrauen zuweilen Sprechchöre auf deutsch: »Wem gehört Hereroland? Uns gehört Hereroland – uns gehört Hereroland[14]!«

Das Reich, das sich seit Sedan als Supermacht fühlte, war noch nie so gedemütigt worden. Durch Deutschland gellte der Schrei nach Rache. Wilhelm II. schickte 4000 Mann Verstärkung mit schwerer Artillerie, Maschinengewehren, Fesselballons und modernster Funkausrüstung nach Südwestafrika. Der »schlappe« Gouverneur Leutwein wurde als Oberkommandierender abgesetzt. An seine Stelle trat General Lothar von Trotha.

Der General hatte sich bereits beim Boxeraufstand in China und in Ostafrika durch »rücksichtsloses Durchgreifen« einen Namen gemacht. Seine Kriegführung in Südwestafrika stempelte ihn, wie August Bebel im Reichstag meinte, zum »Metzgerknecht«.

Trotha kam in der häufig geäußerten Absicht nach Südwestafrika, die Hereros auszurotten. Er drängte die Masse des Stammes am Waterberg zusammen, einem Bergmassiv am Rande der Omaheke-Wüste im Nordosten der Kolonie. Anfang August 1904 hatten die Deutschen dort, nach Angaben des Großen Generalstabs, »50000 bis 60000 Köpfe einschließlich der Weiber und Kinder« eingekesselt. Am 11. August befahl Trotha den Angriff. Außer Infanterie und Reiterei setzte er 30 Geschütze und zwölf Maschinengewehre ein.

Die Schlacht dauerte zwei Tage. In der letzten Nacht durchbrach Samuel Maharero den Einschließungsring. Wie viele Hereros in der Kesselschlacht getötet wurden, ist nicht bekannt. Der amtliche Bericht des deutschen Generalstabs zitiert als Augenzeugen Oberstleutnant

Gouverneur von Leutwein

General von Trotha

Herero-Führer Maharero

von Beaulieu: »Die Szenen, die sich bei der Verfolgung unseren Augen darstellten, werden mir ewig unvergeßlich sein. Mehrere Kilometer weit befindet sich Werft (Kraal) an Werft, die vielen Tausenden von Menschen und zahllosem Vieh als Wohnstätte gedient hatten. So weit unsere Geschosse gereicht hatten, waren sie in eine Trümmerstätte verwandelt . . .[15]«

Doch Trothas Werk war noch nicht vollendet. Nachdem er die Hereros am Waterberg nicht hatte vernichten können, trieb er sie planmäßig in die Wüste. Dann riegelte er die Omaheke hermetisch ab und erließ folgende Proklamation: »Innerhalb der deutschen Grenzen wird jeder Herero, mit oder ohne Gewehr, mit oder ohne Vieh, erschossen. Ich nehme keine Weiber und Kinder mehr auf, ich treibe sie zu ihrem Volk zurück oder lasse auf sie schießen[16].«

Dies bedeutete das Todesurteil für die Herero-Nation. General von Trotha war sich dessen bewußt. In einem Bericht an den Generalstab in Berlin beklagte er sich über Gouverneur Leutwein, der einen Verhandlungsfrieden mit den Hereros anstrebte. »Ich bin gänzlich anderer Ansicht«, schrieb Trotha, »ich glaube, daß die Nation als solche vernichtet werden muß. Sie müssen jetzt im Sandfeld (Omaheke-Wüste) untergehen. Dieser Aufstand ist und bleibt der Anfang eines Rassenkampfes[17].«

Der Generalstab schloß sich dieser Auffassung an. Während die deutschen Truppen im Hinterland alle Hererosiedlungen planmäßig einebneten und jeden erschossen, den sie noch fanden, ging die Masse des Volkes auf der Flucht durch die Wüste zugrunde. Häuptling Maharero erreichte nur mit wenigen hundert Leuten britisches Gebiet. Von den 80000 Hereros, die vor dem Aufstand in Südwestafrika lebten, wurden 1911 noch 15000 gezählt. Der Bericht des deutschen Generalstabs über den Feldzug schließt mit den Worten: »Das Strafgericht hatte sein Ende gefunden. Die Hereros hatten aufgehört, ein selbständiger Volksstamm zu sein[18].«

Doch zur grenzenlosen Wut Trothas war der Krieg damit immer noch nicht zu Ende. Denn im Süden hatten sich unterdessen die Nama-Hottentotten erhoben. Auch der alte Hendrik Witbooi, der 1893 dem Tod entkommen war, machte noch einmal mit. Die Hottentotten griffen nicht wie die Hereros in offenem Gelände an, sondern erwiesen sich als geschickte Guerillakrieger. Trotha forderte neue Truppen an, so daß schließlich 15000 Mann in Südwestafrika standen – dreimal soviel Soldaten wie deutsche Zivilisten.

Trotha versuchte, auch die Hottentotten in die Wüste abzudrängen. Er ließ alle Wasserstellen im Nama-Land besetzen und auf jeden schießen, der sich näherte. »Nur den Weibern und Kindern«, so der Generalstabsbericht, »gaben die mitleidigen deutschen Soldaten zu trinken, ehe sie sie wieder in die Kalahari jagten[19].«

Obwohl Trotha 5000 Mark Belohnung auf den Kopf des greisen Hendrik Witbooi aussetzte, verriet ihn niemand. Er fiel, 80 Jahre alt, am 29. Oktober 1905 im Gefecht. Der Krieg ging weiter.

Bald nach Witboois Tod wurde Trotha abberufen. Reichskanzler Fürst Bülow setzte die Beendigung der Vernichtungsaktionen durch. Außer humanitären Gründen führte er vor allem wirtschaftliche Argumente an: »Die gänzliche Vernichtung oder Vertreibung der aufständischen Eingeborenen würde die Entwicklungsfähigkeit der Kolonie auf das schwerste beeinträchtigen«, schrieb er an den Kaiser. »Sowohl für Ackerbau und Viehzucht als auch für den Bergbau sind die Eingeborenen unentbehrlich[20].«

Der neue Gouverneur Friedrich von Lindequist erließ eine Proklama-

Überlebende Hereros bei der Rückkehr aus der Wüste nach der deutschen Generalamnestie

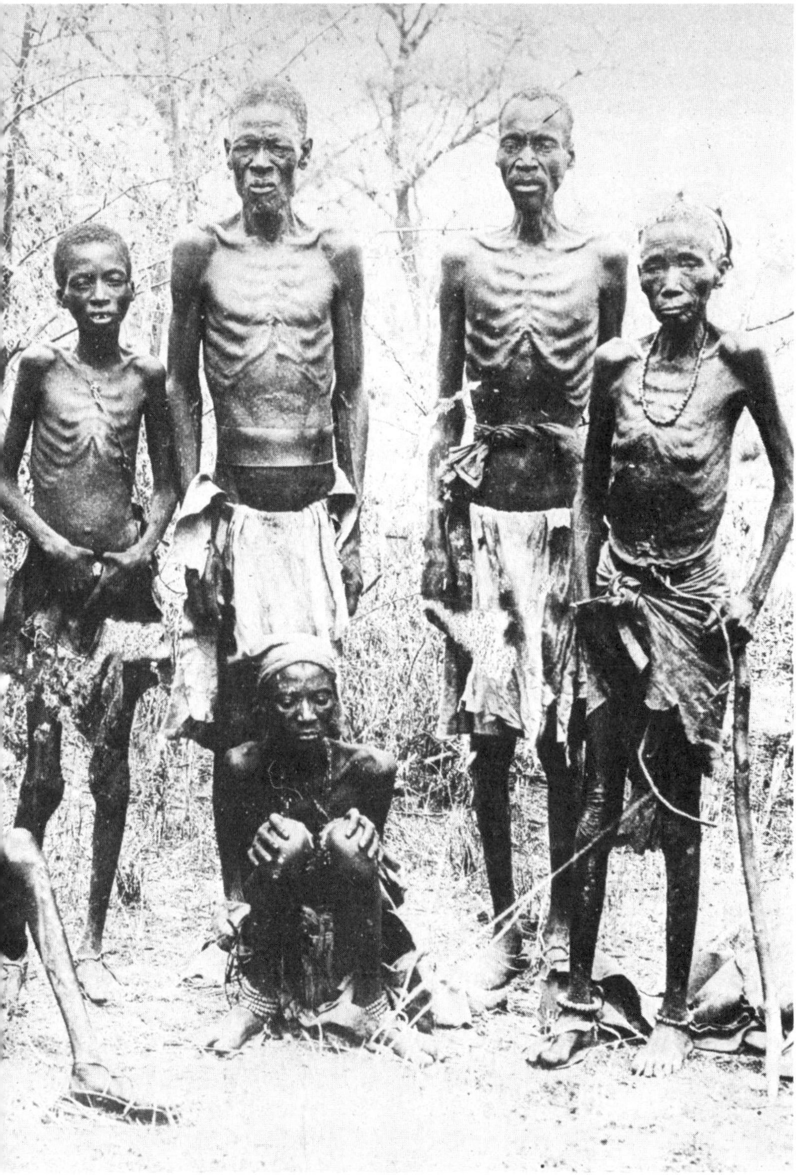

tion an die überlebenden Hereros, daß ihnen das Leben geschenkt werde, wenn sie sich freiwillig stellten: »Es soll euch auch etwas Kleinvieh für die Unterhaltung eurer Weiber und Kinder zur vorläufigen Benutzung gelassen werden, sofern ihr solches noch habt[21].«

Nach und nach kamen 15000 Versprengte aus dem Busch, zwei Drittel von ihnen Frauen und Kinder, alle zum Skelett abgemagert. Sie wurden in Lager gesperrt und beim Eisenbahnbau eingesetzt.

Die Nama-Hottentotten hatten ihre Bestrafung noch vor sich. Die Gefangenen wurden auf die berüchtigte Haifisch-Insel in der Lüderitzbucht deportiert, wo sie in der feuchtkalten Witterung wie die Fliegen starben. Im April 1907 protestierte der Militärbefehlshaber, Oberst von Estorff, schriftlich: »Von September 1906 (bis heute) sind von 1795 Eingeborenen 1032 gestorben. Für solche Henkersdienste übernehme ich keine Verantwortung[22].« Die Überlebenden wurden aufs Festland zurückgebracht. Von den insgesamt rund 17000 gefangenen Hereros und Hottentotten starben nach amtlicher Aufstellung des Schutztruppenkommandos 7682, also rund 45 Prozent.

Die deutschen Verluste in den Kämpfen von 1904 bis 1907 beliefen sich auf 1447 Tote, einschließlich der an Krankheit Gestorbenen. Die Kriegskosten betrugen 400 Millionen Goldmark.

Damit herrschte nun endlich »Ruhe« in Deutsch-Südwest. Die Hereros und Namas, zwanzig Jahre zuvor noch die Herren des Landes, sanken auf den Status einer Helotenklasse. Durch kaiserlichen Erlaß wurde ihre gesamte bewegliche und unbewegliche Habe konfisziert. Sie konnten sich nur noch als Lohnarbeiter bei den Weißen verdingen. Empört schrieb der 30jährige Reichstagsabgeordnete Matthias Erzberger (Zentrum) im Berliner »Tag«: »Nach Durchführung dieser (Enteignungs-)Verordnung sind die Eingeborenen in Südwestafrika verarmte Sklaven. Das Ideal der ›wirtschaftlichen Kolonialpolitiker‹ geht seiner Verwirklichung entgegen: Der Schwarze wird Arbeitstier beim Weißen[23]!«

Von nun an konnten sich die Siedler in Südwestafrika ungeniert als Herrenmenschen fühlen. Ihrer Willkür waren kaum noch Schranken gesetzt. Die Brutalisierung nahm solches Ausmaß an, daß der letzte Gouverneur der Kolonie, Dr. Theodor Seitz, 1912 in einem Rundschreiben an die Bezirksämter »einen neuen verzweifelten Eingeborenenaufstand« prophezeite, »wenn nicht energisch Abhilfe geschaffen wird«. Deshalb müßten »Elemente, die in wahnsinniger

Roheit gegen die Eingeborenen wüten und ihre weiße Haut als Freibrief für brutale Verbrechen betrachten, in jeder Weise unschädlich gemacht werden«[24].

Bald darauf beendete der Erste Weltkrieg die deutsche Kolonialherrschaft. Großbritannien beauftragte die südafrikanische Armee, Deutsch-Südwest zu besetzen. Zwar verzögerte der Putsch der antibritischen Nationalisten das Unternehmen für einige Zeit (siehe Kapitel 10), aber nachdem Premierminister Botha die Lage unter Kontrolle gebracht hatte, übernahm er selbst den Oberbefehl, landete mit 24000 Man in Walfischbai und marschierte auf Windhuk.

Die deutsche Schutztruppe war nach Niederschlagung der Aufstände auf knapp 4000 Mann reduziert worden und konnte nur symbolischen Widerstand leisten. Sie wurde schließlich am Rande der Omaheke-Wüste, an der Wasserstelle Korab, eingeschlossen – dort, wo die Deutschen zehn Jahre zuvor die Hereros vernichtet hatten. Am 9. Juli 1915 unterzeichnete Gouverneur Seitz die Kapitulation. »Wir haben ein Land verloren«, schrieb Seitz später, »dessen Wirtschaft aufgebaut ist mit dem Schweiße deutscher Arbeit, dessen Boden gedüngt ist mit deutschem Blut und benetzt von den Tränen deutscher Mütter[25].«

Im Versailler Friedensvertrag wurde Südwestafrika als C-Mandat der Südafrikanischen Union unterstellt. Die Klassifizierung C bedeutete, daß Pretoria das Territorium als integralen Bestandteil der Union verwalten konnte, andererseits aber verpflichtet war, »das materielle und moralische Wohlergehen und den sozialen Fortschritt der Bewohner aufs äußerste zu fördern[26]«.

Dieser Auftrag blieb Papier. Für die schwarzen Einwohner Südwestafrikas änderte sich gar nichts. Statt der Deutschen kommandierten nun die Buren. Die Nicht-Weißen waren wie in der Südafrikanischen Union von jeder Art Selbstbestimmung ausgeschlossen. Vergebens hatte der Afrikanische Nationalkongreß (ANC) 1918 an König Georg appelliert, nicht über die deutschen Kolonien zu entscheiden, ohne die farbige Bevölkerungsmehrheit zu hören. Auf jeden Fall forderte die Vertretung der schwarzen Südafrikaner, »daß Deutsch-Südwest nicht der Südafrikanischen Union übergeben wird, solange das Herrschaftssystem der Rassendiskriminierung nicht radikal geändert wird[27]«.

Niemand kümmerte sich um solche Proteste. »Selbstbestimmungsrecht« war zwar das große Schlagwort der Epoche, aber es galt nur

Flaggenhissung des „Union Jack“ über dem Rathaus von Windhuk

für Weiße. Als 1922 der Hottentottenstamm der Bondelswarts gegen die neuen Herren rebellierte, schickte Premierminister Smuts Flugzeuge nach Südwestafrika und ließ die Dörfer bombardieren. Über hundert Menschen wurden getötet.

Die weißen Südwester dagegen erhielten 1925 die Selbstverwaltung durch ein eigenes Parlament, den Landesrat. Außerdem konnten sie seither sechs Abgeordnete in das Unionsparlament nach Kapstadt schicken. Pretoria förderte nach Kräften die Einwanderung der Buren nach Südwestafrika, so daß die deutschen Siedler bald in die Minderheit gerieten und heute nur noch ein Drittel der weißen Bevölkerung stellen.

Nach dem Zweiten Weltkrieg weigerte sich Südafrika, das Völkerbundsmandat in ein Treuhandmandat der Vereinten Nationen umzuwandeln. Statt dessen beantragte Pretoria die förmliche Annexion der einstigen deutschen Kolonie. Das Ansinnen, schon damals eine Zumutung für den Rest der Welt, wurde abgelehnt. Seither verwaltet Südafrika das Gebiet ohne völkerrechtliche Grundlage. Als 1948 die Nationalpartei in Pretoria die Macht übernahm, stellte sie sogar die jährlichen Berichte an die Vereinten Nationen ein. Südwestafrika war inzwischen zum zweitgrößten Diamantenproduzenten der Welt geworden, und weder Malan noch seine Nachfolger dachten daran, den kostbaren Besitz je wieder aufzugeben.

Jahrzehntelang führte die UNO einen vergeblichen Kampf gegen Pretoria. 1966 entzog die UN-Vollversammlung der südafrikanischen Republik endgültig das Mandat, 1967 setzte sie einen UN-Verwaltungsrat für Südwestafrika ein, 1968 führte sie die offizielle Bezeichnung »Namibia« ein, 1973 ernannte der UN-Sicherheitsrat den ehemaligen irischen Außenminister Sean McBride zum UN-Hochkommissar für das Land, 1974 forderte der Sicherheitsrat Südafrika auf, sich binnen Jahresfrist aus Namibia zurückzuziehen.

Pretoria ignorierte all diese Beschlüsse, Appelle und Resolutionen. Es führte die Apartheid samt der Homeland-Politik in Südwestafrika ein und schlug alle Protestbewegungen und Streiks mit Gewalt nieder. Aber die Zeit lief gegen Südafrika. In Namibia organisierte sich der schwarze Widerstand. Die Führung übernahm der volkreichste Stamm Südwestafrikas, die Ovambos. Sie waren auch von den Deutschen nie unterworfen worden. Ihre Heimat ist der entlegene, unwegsame Norden. Dort entstand Anfang der sechziger Jahre die erste politische Organisation der schwarzen Südwestafrikaner, die SWAPO (Südwestafrikanische Volksorganisation). Ursprünglich eine liberale, stark vom lutherischen Christentum geprägte Bewegung, radikalisierte sie sich angesichts der intransigenten Haltung Pretorias zur Guerillabewegung.

Seit 1972 herrscht Ausnahmezustand in Ovamboland. Nur durch die permanente Stationierung starker Militärkräfte aus Südafrika konnte ein offener Aufstand unterdrückt werden. Das Land gleicht seither einem besetzten Feindgebiet. Dennoch glaubte Pretoria jahrelang, Südwestafrika durch militärische Gewalt halten zu können. Erst ein Ereignis außerhalb Afrikas änderte die Szenerie schlagartig – der Zusammenbruch der Diktatur in Portugal.
Die zermürbenden Kolonialkriege in Mozambique und Angola führten zur Revolte der portugiesischen Armee gegen das Caetano-Regime. Die jungen Truppenkommandeure in Afrika erkannten die Aussichtslosigkeit des Kampfes und liquidierten schließlich ein morsches Erbe, das das europäische Mutterland in den Ruin zog. Mozambique und Angola wurden unabhängig. In beiden Ländern ergriffen revolutionäre marxistische Bewegungen die Macht – ein Resultat unterlassener Entwicklung, versagter Selbstbestimmung, erstickter Emanzipation.
Durch den Zusammenbruch der portugiesischen Herrschaft rückte die schwarzafrikanische Front bis an die Grenzen der weißen Afrikaaner-Republik vor. In den Wirren, die 1975 der Unabhängigkeitserklärung Angolas folgten, glaubte Südafrika noch einmal, Machtpolitik im Stile von Cecil Rhodes treiben zu können. Es schickte ein Expeditionskorps tief in die ehemalige portugiesische Kolonie, um die »westlich« orientierte Bürgerkriegspartei zu unterstützen.
Die Intervention hatte fatale Folgen. Sie bot dem Ostblock den gewünschten Anlaß, seinerseits einzugreifen: Kuba schickte ganze Divisionen nach Angola. Südafrika hatte sein Gewicht überschätzt, es sah sich plötzlich von allen im Stich gelassen. Die Vereinigten Staaten wollten kein afrikanisches Vietnam – es wäre das Ende des weißen Südafrika.
Unter dem Druck Amerikas mußte Pretoria seine Truppen aus Angola zurückziehen, und unter dem Druck Amerikas geschah schließlich, was schon 1945 in Südwestafrika fällig gewesen wäre: In Windhuk setzten sich Schwarz und Weiß erstmals an einen Tisch, um über die Zukunft des Landes zu beraten. In der alten deutschen Turnhalle, dem noch immer größten Saal von Windhuk,

wurde nach einjährigen Beratungen die Unabhängigkeit Namibias für den 31. Dezember 1978 beschlossen. Bis dahin soll eine gemischtrassische Übergangsregierung eine verfassunggebende Versammlung einberufen.

Zum erstenmal verzichtet die Regierung in Pretoria damit in einem von ihr kontrollierten Gebiet auf das Prinzip der Apartheid und erkennt den Grundsatz der Rassengleichheit an. Doch wie so oft in der erbärmlichen Geschichte der Kolonialpolitik könnte auch unter diesem Kapitel der Schlußsatz stehen: »Zu spät und zuwenig.« Denn die SWAPO, die größte schwarze Organisation Südwestafrikas, war an der »Turnhallen-Konferenz« nicht beteiligt. Während sie einen modernen Einheitsstaat mit egalitärer Volksvertretung fordert, zielt die beabsichtigte Verfassung der Turnhallen-Konferenz auf eine Zementierung der anachronistischen Stammestrukturen ab, die die 800000 Schwarzen in elf verschiedene »Völker« aufsplittert. So ist der Machtkampf schon vorprogrammiert.

Die 30000 deutschen Südwester, für die sich der Glanz der alten Zeit immer noch in der Kaiserstraße von Windhuk und im Denkmal des Schutztruppenreiters spiegelt, blikken einer ungewissen Zukunft entgegen, in der nur soviel sicher ist, daß sie nicht mehr die Herren des Landes sein werden. Auch sie sind Opfer der südafrikanischen Apartheidspolitik geworden: Pretoria läßt sie fallen, um die Herrschaft im eigenen Lande zu retten.

Doch wie immer die Zukunft Südwestafrikas aussehen mag – mit dem Verlust dieses Vorfelds sehen sich die Afrikaaner zurückgeworfen auf den inneren Verteidigungsring, die »Festung Südafrika«. Es ist die Frage, wie lange die weiße Kommandantur dann noch das schwarze Arbeitsvolk wie entmündigte Schwachsinnige behandeln kann.

Zu Anfang dieses Jahrhunderts schrieb der liberale Afrikaaner William Schreiner, vor dem Burenkrieg Premierminister der Kapkolonie: »Wir werden, wenn wir es wert sind, weiterhin beherrschend bleiben. Aber es muß eine Herrschaft in einem freien Land sein, wo die Wege jedem Talent und jedem zivilisierten Menschen offenstehen, ohne Diskriminierung oder Unterscheidung der Hautfarbe oder Rasse[28].«

Der Satz ragt wie ein verwitterter Wegweiser aus einem Trümmerfeld verlorener Hoffnungen und verpaßter Chancen. So viele Jahrzehnte voller Versäumnisse lassen sich nicht mehr aufholen. Denn die Zeit der Kompromisse geht in Südafrika rapide zu Ende. Was vor einer Generation noch erreichbar gewesen wäre, ist heute nicht mehr möglich. Dem kompromißlosen weißen »Nein« von gestern entspricht das schwarze »Alles oder nichts« von heute. Das schwarze Afrika rüstet sich zum Sturm auf die weiße Wagenburg – aber diesmal werden es keine Speere mehr sein.

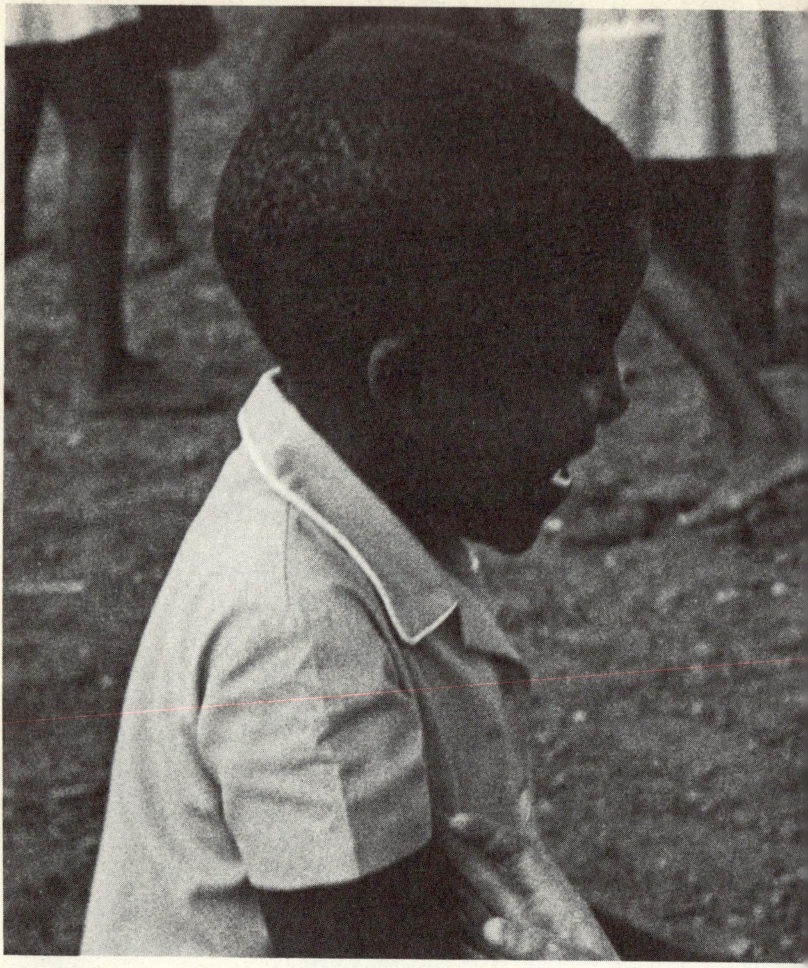

Die Angst und die Neugierde: Nach 300 Jahren Rassentrennung der Weg zur Partnerschaft?

Eine Hoffnung für die Zukunft?

Anmerkungen und Quellenhinweise

Kapitel 1

1 1 Rheinische Rute = 3,77 m
2 Journal of Jan van Riebeeck (Cape Town/Amsterdam 1954), S. 19
3 Leipoldt, L.: Holland gründet die Kapkolonie (Leipzig 1937), S. 62
4 Vasco da Gama: A journal of the first voyage (London 1897), S. 12
5 Naber, S.P.L'Honoré: Reisebeschreibungen von deutschen Beamten und Kriegsleuten, Bd. VII, S. 26
6 Leipoldt, S. 79
7 Journal I, S. 112
8 Journal I, S. 268
9 Leipoldt, S. 108
10 Leipoldt, S. 123
11 Leipoldt, S. 114ff.
12 Journal I, S. 224
13 Journal II, S. 251
14 Journal II, S. 269
15 Hartmann, H.: Südafrika (Stuttgart 1968), S. 15
16 Journal II, S. 391f.
17 Journal III, S. 48
18 Journal III, S. 49
19 Journal III, S. 101
20 Journal III, S. 196f.
21 Leipoldt, S. 162
22 Walker, E.: A history of Southern Africa (London 1956), S. 42
23 Leipoldt, S. 173

Kapitel 2

1 Hofmeyr, J.: South Africa (London 1932), S. 32
2 Hofmeyr, S. 32
3 Hofmeyr, S. 33
4 Scholtz, G. D.: The origins and the essence of the race pattern in South Africa (Pretoria 1958), S. 22
5 Walker, S. 85
6 Scholtz, S. 8
7 Afrikaaner: auch Afrikander oder Afrikaner. Das Wort wird hier durchgehend nach der alten Schreibweise mit »aa« geschrieben, zur Unterscheidung vom Schwarz-Afrikaner.
8 Kaffer: Abgeleitet vom arabischen »kafir« (Ungläubiger); bis heute in Südafrika gebräuchliche Bezeichnung für alle Schwarzen.
9 Philip, J.: Researches in South Africa (London 1928), Bd. I, S. 51
10 Philip II, S. 55f.
11 Theal, G. M.: History of South Africa (London 1908), Bd. III, S. 93
12 Theal III, S. 93
13 Theal IV, S. 342
14 Hofmeyr, S. 45
15 Jan van Riebeeck nannte die erste Bergkette jenseits der Kaphalbinsel »Hottentots Holland« = das Holland (die Heimat) der Hottentotten.

Kapitel 3

1 Philip II, S. 373
2 Philip I, S. 383
3 Philip I, S. 386
4 Philip I, S. 402

Kapitel 4

1 Cory, G. E.: The rise of South Africa (London 1919), Bd. III, S. 279
2 Cory III, S. 396
3 Ndebele: in älteren Quellen auch »Matabele« genannt
4 Cory III, S. 360
5 Cory IV, S. 24
6 Cory IV, S. 78
7 Cory IV, S. 48
8 Jaarsveld, F. A. van: The Awakening of Afrikaner Nationalism (Cape Town 1961), S. 23
9 Cloete, H.: The history of the Great Boer Trek (London 1899), S. 126

Kapitel 5

1 Der Name Natal wurde dem Land von Vasco da Gama gegeben, der diese Küste am Weihnachtstag (port: Natal) des Jahres 1497 erreichte.
2 Eybers, G. W.: Select Constitutional Documents 1795–1910 (London 1918), S. 162
3 Bird, J.: Annals of Natal (Cape Town 1885), Bd. I, S. 563
4 Bird I, S. 564
5 Bird I, S. 644
6 Bird I, S. 645
7 Bird I, S. 645
8 Eybers, S. 164
9 Eybers, S. 165
10 Bird I, S. 657
11 Bird I, S. 696
12 Bird I, S. 697
13 Cloete, S. 146
14 Cloete, S. 189

Kapitel 6

1 Eybers, S. 270
2 Cory V, S. 149
3 Cory V, S. 152
4 Eybers, S. 350
5 Eybers, S. 364
6 Livingstone, D.: Missionary travels in South Africa (London 1857), S. 29f.
7 Cory VI, S. 164
8 Cory VI, S. 169
9 Eybers, S. 356
10 Bilger, H. R.: Südafrika (Konstanz 1976), S. 295
11 Theal VII, S. 380

Kapitel 7

1 Robertson, M.: Diamond fever (Johannesburg 1974), S. 69
2 Eybers, S. 453
3 Theal XI, S. 116
4 Jaarsveld, S. 113
5 Jaarsveld, S. 112
6 Jaarsveld, S. 187
7 Jaarsveld, S. 222
8 Jaarsveld, S. 194

Kapitel 8

1 Lockhart, J. G.: Rhodes (London 1963), S. 69
2 Wüd, J. A.: Die Rolle der Burenrepubliken in der auswärtigen und kolonialen Politik des Deutschen Reiches (München 1927), S. 25
3 Bode, E.: Cecil Rhodes (Lübeck 1932), S. 24
4 Lockhart, S. 102
5 Lockhart, S. 130
6 Lockhart, S. 131
7 Haselmayr, F.: Diplomatische Geschichte des Zweiten Reiches (München 1961), Bd. IV, S. 233

Kapitel 9

1 Le May, G. H. L.: British Supremacy in South Africa (Oxford 1955), S. 38
2 Le May, S. 25
3 Marais, J. S.: The Fall of Krugers Republic (Oxford 1962), S. 172
4 Le May, S. 12

5 Le May, S. 33
6 Krüger, P.: Lebenserinnerungen (München 1902), S. 274
7 Churchill, W.: Weltabenteurer im Dienst (Hamburg 1951), S. 206
8 Churchill, S. 191
9 Krüger, S. 297
10 Henkel, F.: Aus dem Burenkrieg, (Berlin 1901), S. 110
11 Bülow, B. v.: Denkwürdigkeiten (Berlin 1930), Bd. I, S. 476
12 Bülow I, S. 473
13 Viljoen, Ben: Die Transvaaler im Krieg (München 1902), S. 229
14 Magnus, Ph.: Kitchener (London 1958), S. 185
15 Magnus, S. 177
16 Hobhouse, E.: Report (London 1901), S. 4f.
17 Hobhouse, S. 12
18 Hobhouse, S. 10
19 Hobhouse, S. 4
20 Le May, S. 107
21 Le May, S. 94
22 Magnus, S. 180
23 Magnus, S. 185
24 De Wet, A.: Die Buren im Krieg mit England (München 1902), S. 115
25 Le May, S. 12
26 Eybers, S. 346
27 Magnus, S. 188
28 Le May, S. 125
29 Le May, S. 151
30 Magnus, S. 190
31 Magnus, S. 191
32 Magnus, S. 185

Kapitel 10

1 Smuts, J. C.: Jan Christian Smuts (London 1952), S. 98
2 Smuts, S. 111
3 Krieger, H.: Das Rassenrecht in Südafrika (Berlin 1944), S. 248
4 Pyrah, G. B.: Imperial Policy and South Africa (Oxford 1955), S. 95
5 Pyrah, S. 94
6 Pyrah, S. 110
7 Karis/Carter: From Protest to Challenge (Stanford 1972), Bd. I, S. 55
8 Luthuli, A.: Let my people go (New York 1962), S. 88
9 Scholtz, S. 19
10 Karis/Carter Bd. I, S. 125f.
11 Fischer, L.: Mahatma Gandhi (Darmstadt 1955), S. 20
12 Smuts, S. 126
13 Bunting, B.: The rise of the South African Reich (London 1964), S. 27

Kapitel 11

1 Scholtz, S. 17
2 Roux, E.: Time longer than rope (New York, 1964), S. 148
3 Scholtz, S. 19
4 Scholtz, S. 21
5 Cook, A.: The imprisoned society (London 1974)
6 Bunting, S. 7
7 Vatcher, W. H.: White Laager (New York 1965), S. 243
8 Vatcher, S. 256
9 Bunting, S. 82
10 Schmokel, W.: Der Traum vom Reich (Gütersloh 1967), S. 78
11 Bunting, S. 64
12 Akten zur deutschen Auswärtigen Politik, D IX, (Frankfurt 1962), S. 36f.
13 Bunting, S. 106
14 Bunting, S. 88
15 Die offizielle Bezeichnung lautete damals »Herenigde Nasionale of Volksparty« (HNP) = Wiedervereinigte Nationale oder Volkspartei. Erst 1951 nahm die Partei wieder die alte Bezeichnung »Nationale Partei« an. Zum besseren Verständnis wird im folgenden dieser Name verwendet, da es sich stets um dieselbe Partei handelt.
16 Vatcher, S. 73
17 Bunting, S. 115
18 Vatcher, S. 138

Kapitel 12

1 Hepple, A.: Verwoerd (London 1967), S. 120
2 Die letzten, bei Fertigstellung des

Buches verfügbaren amtlichen Statistiken beziehen sich auf das Jahr 1974.
3 Bunting, S. 205
4 Duve, F. (Hrsg.): Kap ohne Hoffnung (Hamburg 1965), S. 15
5 Bilger, S. 474
6 Bilger, S. 490
7 Süddeutsche Zeitung, 18. 6. 1976
8 South Africa 1975 (Pretoria 1976), S. 232
9 The Sunday Times (Johannesburg), 20. 6. 1976
10 Bunting, S. 165

Kapitel 13

1 Baas (afrikaans) = Herr
2 Luthuli, S. 159
3 Karis/Carter Bd. II, S. 217
4 Walshe, P.: Black Nationalism (Johannesburg 1973), S. 29
5 Luthuli, S. 115
6 Bilger, S. 701
7 Hepple, S. 143
8 Bilger, S. 491
9 Walshe, S. 33
10 Pratt hatte keine Möglichkeit, sein Tatmotiv in einer Gerichtsverhandlung zu erklären. Er wurde als unzurechnungsfähig in ein Irrenhaus eingewiesen, wo er sich ein Jahr später erhängte.
11 Hepple, S. 179
12 Ökumenischer Rat (Hrsg.): Der »African National Congress« (Genf 1971), S. 9
13 Ökumenischer Rat, S. 20
14 Luthuli, S. 117
15 The Star, 31. 5. 1967
16 Rand Daily Mail, 2. 7. 1965
17 Cook, S. 72
18 Sachs/Bernstein: Die Gesetze der Apartheid (Bonn 1976), S. 130
19 Rand Daily Mail, 17. 8. 1976
20 Botha, J.: Verwoerd is dead (Cape Town 1967), S. 188
21 Bilger, S. 703
22 Rand Daily Mail, 24. 8. 1976
23 International Herald Tribune
24 Lewin, J.: Opposition ohne Alternative (Bonn o.J.), S. 42
25 South African Institute of Race Relations: A survey of race relations in South Africa 1975 (Johannesburg 1976), S. 6
26 The Star, 20. 8. 1976
27 House of Assembly Debates (Cape Town 1968)
28 The Star, 25. 8. 1976

Kapitel 14

1 Hintrager, O.: Südwestafrika in der deutschen Zeit (München 1955), S. 14
2 Lüderitz, C. A. (Hrsg.): Die Erschließung von Deutsch-Südwestafrika durch Adolf Lüderitz (Oldenburg 1945), S. 67
3 Lüderitz, S. 67
4 Noske, G.: Kolonialpolitik und Sozialdemokratie (Stuttgart 1914), S. 60
5 Union of South Africa (Hrsg.): Report on the Natives of South-West Africa and their treatment by Germany (London 1918), S. 22
6 Dove, K.: Südwestafrika (Berlin 1896), S. 183
7 Schwabe, K.: Mit Schwert und Pflug in Deutsch-Südwestafrika (Berlin 1899), S. 35
8 Dove, S. 184
9 Schwabe, S. 36
10 Leutwein, Th.: 11 Jahre Gouverneur in Deutsch-Südwestafrika (Berlin 1906), S. 432
11 Drechsler, H.: Südwestafrika unter deutscher Kolonialherrschaft (Berlin 1966), S. 134
12 Rohrbach, P.: Deutsche Kolonialwirtschaft (Berlin 1907), S. 286
13 Drechsler, S. 349
14 Rohrbach, S. 332
15 Großer Generalstab (Hrsg.): Die Kämpfe der deutschen Truppen in Südwestafrika (Berlin 1906), Bd. I, S. 189
16 Drechsler, S. 184
17 Großer Generalstab Bd. I, S. 212
18 Großer Generalstab Bd. I, S. 218
19 Großer Generalstab Bd. II, S. 179
20 Drechsler, S. 194

21 Rohrbach, S. 356
22 Drechsler, S. 249
23 Drechsler, S. 256
24 Report on the natives, S. 203
25 Seitz, Th.: Der Zusammenbruch in Deutsch-Südwestafrika (Berlin 1920), S. 50
26 Vereinte Nationen (Hrsg.): Namibia (New York 1975), S. 3
27 The UNESCO Press (Hrsg.): Racism and Apartheid in Southern Africa (Paris 1974), S. 86
28 Pyrah, S. 116

Bildnachweis

Picture + Feature Service, England (58) · Ullstein Bilderdienst, Berlin (7) · Historia-Photo (2) · Bildarchiv Preußischer Kulturbesitz, Berlin (6) · Archiv für Kunst und Geschichte, Berlin (3) · Keystone (2) · Sven Simon, Bonn (2) · Laenderpress, Düsseldorf (1).